놓아라!
즉시 "도"를 깨닫는다!

대장경실화와 견성체험담

용담(법륜)

쉽고 간단하게

"도"를 깨쳐라!

체험하라!

도서
출판 中道

옛부터 견성 오도 성품을 보아 "도"를 깨닫는다는 말이 있다. 견성은 "도"의 완성이 아니다.

견성을 함으로써 깊은 수행의 차원으로 나아갈 수 있는 안목이 생기기 때문에 견성은 우선 체험해야 할 매우 중요한 수행의 관문과 같은 과정이다.

그러나 옛부터 지금까지 수행자들의 현실은 많은 사람들이 수년 내지는 수십년 일생을 노력하여도 견성 체험하는 사람은 드물게 귀한 것이 안타까운 현실이다.

그러므로 나는 부처님 당시에 부처님 법문 말씀 즉하에 바로 통쾌하게 견성하여 "도"를 깨닫는 대장경의 실화와 경전에 입각한 나의 수행 견성체험담으로 견성오도를 갈망하는 모든 사람들이 쉽고 간단하게 체험하는데 도움이 되어야겠다는 확신이 용솟음쳐서 책을 내게 되었다.

2020년 2월

차 례

1. 놓아버리면 즉시 견성하여 도를 깨닫는다『대장경』

세존께 흑씨 범지가 오동꽃 두 송이를 들고 와서 공양을 올리니 부처님께서 선인아 하고 부르셨다. 이에 범지가 응답하니 부처님께서 놓아라 하시니 범지가 왼손의 꽃 한 송이를 놓았다.

부처님께서 또 부르시되 선인아 놓아라 하시니 범지는 다시 오른손에 든 꽃을 또 놓았다.

부처님께서 다시 선인아 놓아라 하시니 범지가 말하되 세존이시여 저는 지금 빈손으로 서 있거늘 다시 무엇을 놓으라 하시나이까 하였다.

부처님께서 나는 너에게 그 꽃을 놓아버리라 한 것이 아니다. 너는 밖의 빛 소리 향기 맛 촉감 마음 육진과 안의 눈 귀 코 혀 몸 뜻 육근과

중간의 눈 의식 귀 의식 코 의식 혀 의식 몸 의식 마음의 의식을 일시에 놓아서 더 놓을 '곳이 없는 곳'이라야 그 때가 생사를 면하는 곳이니라 하시니 범지가 그 말씀 끝에 생사가 없는 실상을 깨달아 무생법인의 "도"를 깨달았다.

이 경전의 말씀과 같이 도를 깨닫는 법은 간단명료하다.

2. 금강경 독송, 견성체험담

아마도 46년 전인가 봅니다.

군 생활 중에 수덕사의 법장스님과(총무원장 하셨던 분) 서신을 자주 드린 적이 있는데 스님께서 금강경 해안강의를 보내 주셔서 금강경을 읽어보니 곧 나의 진여 실상 참나를 알것만 같아서 금방이라도 참나 진여 실상을 알 것만 같은 그 환희에 불이 붙어서 군 생활 3년을 꽤나 열심히 읽었습니다.

고참들이 중 중 스님 스님 할 정도로 열심히 읽다보니 제대 무렵에는 금강경을 아무데나 떠들춰서 한두 어 구절만 보면 한 권의 내용이 초고속 필름 지나가듯이 순간적으로 한 권의 내용이 모두 이해가 되는 경지가 되어서 이론적으론 더 볼 것이 없는 경지가 되니 금강경을 탁

닫게 되는 경지가 되었습니다.

　내가 금강경을 읽는 이유는 참나 진여 실상을 알고자 하는 마음 때문이었는데 이론적으로 더 볼 것이 없는 환하게 모두 이해가 되어도 그동안 갈망하던 내 참나를 안 것이 아니어서 다시 깊이 생각해보니 금강경은 응무소주 이생기심 머무른 바 없이 그 마음을 내어라. 마음을 텅 비움으로써 내 참나를 알아야 되는데 이제 보니 생각이나 분별로써 내 참나를 알려고 했구나! 그렇다! 생각이 모순이다. 생각을 놓자! 놓자는 것도 놓고 "놓고" 하는 것도 놓고 하면서 손에 든 물건을 놓듯이 생각과 분별이 모두 놓아지면서 순간 찰나간 깜깜 칠통같더니 온통 광명으로 충만한 오매불망 갈망하여 찾던 진여 실상 참나가 발현되었습니다.

　진여 실상 참나는 광명으로 충만해서 있지 아니한 곳이 없기 때문에 "나"라는 관념과 "상"이 털끝만큼도 붙어있지 아니한 곳이며 생각이나 분별도 털끝 만큼도 붙어 있지 않은 곳입니다.

실상은 온통 두루 광명으로 충만해서 일체상이 여의어져 있을 뿐이기 때문에 그것이 참나 진여 실상이나 그것은 이것이 참나다 하는 것도 없고 또한 이것이 "도"다 하는 "상"도 없고 또한 이것이 깨달음이다 하는 것도 없습니다.

금강경에 일체 "상"을 여의면 이름이 부처이다 하셨지요.

그 분별을 여읜 경지에 어느 정도 있다가 이 세상 경지로 돌아오면서 나도 모르게 무릎을 탁 치면서 사람이 사람이 아니구나! 하는 탄성이 나왔습니다.

이와 같이 모든 이론이 정립되더라도 마지막엔 모두 놓아야 됩니다.

놓아야 된다는 것을 확실하게 정립하면 5분 안에도 "도"를 깨닫게 됩니다.

이것이 나의 첫 번째 견성체험담입니다.

3. 일상생활 중 견성체험담

놓아서 "도"를 깨닫는 방하착 견성오도는 생활 중에서도 쉽고 간단하게 할 수 있습니다.

수년 전의 일입니다. 산골 절은 때로는 소소한 일도 해야 되므로 수행도 해야 되고 일도 해야 되는데 자 하자 밖으로 일체경계를 다 놓아버리고 안으로 "나"라는 마음도 놓아버리고 일을 하였는데 그렇다면 분별이 없이 일을 하였다는 것인데 한 시간도 안 되어 진여 실상이 나타났습니다.

하늘도 어데가고 땅도 어데가고 밭도 어데가고 온통 두루 충만한 광명의 실상 참나가 나타났는데 충만해서 있지 아니한 곳이 없으므로 "나"라는 상이 털끝만큼도 붙어있지 않고 생각이나 분별도 털끝만큼도 붙어있지 않은 곳입니다.

참나 진여 실상은 이와 같이 일체상이 여의어진 것입니다.

진여 법계 실상은 온통 두루 광명으로 충만해서 일체상이 여의어져 있을 뿐 그 실상에는 이것이 실상 참나다 하는 "상"도 없고 이것이 "도"다 하는 것도 없고 이것이 "깨달음"이다 하는 상도 없습니다. 그 경지가 되니까 갑자기 부처님의 법맥을 이어받으신 고려 나옹선사의 게송이 갑자기 떠오르는데

눈에 가득 허공이 다 부서져 떨어짐이여
여여해 흔들리지 않는 무위의 즐거움이네
마음이나 법도 또한 이와 같아서
눈에 가득 허공이 다 부서져 떨어지리

이 게송이 탁 떠오르며 죽착 합착 계합이 되었습니다.

경쾌하고 쾌활하기 그지없었습니다.

일체 경계 중에서도 항상 공적한 진여 실상
은 본래 작용에 초연한 무위의 즐거움이네

마음이나 법은 본래 그러해 일상생활 중에서
항상공적한 반야선에 노니느니라.

진여 법계 실상이 나타나 나옹선사의 게송과
죽착 합착 계합되면서 쾌활하고 경쾌하기 그지
없었습니다.

4. 언하계합 체험담

　20대에 도를 깨달아 해방직후 40여 명의 선방스님들이 항상 모시고 전남지방에서 선방 지도 하시던 법능큰스님이 계셨는데 그 수십년 후 서울에서 선원을 하셨는데 밤 10시에 큰스님과 마주 앉아 질의문답 하던 중 마음은 허공과 같다는 언하에 주객이 공한 자성을 체험을 하기도 하였습니다.

　큰스님은 그자리에서 이것이 깨친 것이다라고 하셨습니다.

　부처님의 제8대의 대법을 이어 받으신 인도 불타난제 존자의 법문에

　　허공은 안과 밖이 없나니 마음의 법칙
　　도 그러하다. 만일 허공을 알기만 하면

그것이 자기의 진여 실상을 바로 아는
것이다.

하셨듯이 우리의 진여 실상은 본래 일체상이
여의어진 허공과 같은 "도" 자체입니다.

5. 방하착, 놓는 수행법

　깨달음의 경계에서 본다면 일체경계는 진여 실상의 작용이어서 놓을 것도 붙일 것도 없지만 마음을 깨닫지 못한 상태에서는 "나"라는 생각을 근본으로 해서 무엇인가 구하고 집착하는 마음 때문에 항상 생각과 분별을 가지고 있기 때문에 놓으라고 하는 것이다.

　그 생각과 분별을 놓으면 본래 "나"라는 관념도 대상이라는 관념도 초탈한 허공과 같은 본래 생사가 없는 진여 실상 마음의 본성이 드러난다.

　깨친 후엔 생각과 분별이 본래 공해서 놓을 것이 없기도 하다.

① 행선(견성을 하기 위한 것)

한가한 앞마당이나, 공원이나 방에서도 몇 m~10m 정도를 천천히 왔다갔다 하면서 "밖으로 일체 경계를 다 놓아버리고 안으로 "나"라는 마음도 놓아버리고" 하면서 10분~1시간을 진지하게 하면은 5분 내지 한 시간 이내에도 성품을 체험하여 "도"를 깨달을 수 있다.

② 좌선

좌선을 좋아하는 분은 좌선을 이와 같이 하면서 밖으로 일체 경계를 놓아버리고 안으로 "나"라는 마음도 놓아버리고…… 하면서 앉아 하되 행선과 좌선을 하고 싶은 대로 하면 된다. 좌선만 고집하지 마라

③ 포행선

한적한 곳이나 공원길을 산책하면서 천천히 걸으며 밖으로 일체 경계를 다 놓아버리고 안으로 "나"라는 마음도 놓아 버리고 진지하게 하면 10분~1시간 이내에도 견성할 수 있다.

6. 쉽고 간단하게 도를 깨쳐라

　나의 수행 견성체험담이 한국의 구도 열정에 불타는 수행자들에게 쉽고 간단하게 견성하여 "도"를 깨닫는 계기가 되기를 바라며 한국의 수행 가풍에 새로운 신선한 바람이 되어 환희 용약하는 도약의 계기가 되기를 간절히 바란다.

2020년 2월 1일

용담(법륜) 합장

7. 도를 깨닫는 길,
   깨달아 보림 하는 길

옛부터 도인들도 가장 좋아했다는 대장경 종경록.
팔만대장경의 요지를 깨달음과 보림차원에서 해설
한 경전

『대장경 종경록』

1 미혹할 땐 마음이 움직인다 생각하지만
   깨닫고 보면 아는 마음은 일어남이 없다
   앎은 본래 비고 고요한 것이니
   비고 고요하여 아는 것이라야
   곧 심성에 대하여
   환히 알아 미혹하지 않는다
   번뇌의 본성을 깨달았기 때문에
   습기를 다스리는 행을 행하여도 행함이 없어서
   마음과 경계를 모두 떠났으며

인연을 따라도 짓는 바가 없는 것
이것이 진짜 수도이다

2 일어남이 본래 일어남이 아닌 줄 알면
일어남은 즉시에 스스로 쉰다

3 생각은 생긴 그 자리에서
곳을 따라 모두 사라지기 때문에
생각이 일어나는 것을 두려워하지 않고
오직 그 일어남을 깨달음이 늦을까 걱정한다
잠깐 일어나는 것은 병이지만
계속하지 않는 것은 약이다
이로부터 전전히 엷어질 것이다

4 깨달은 사람은 마음이 형상 없음을 알고
미혹한 사람은 물건에 집착하고
나를 지키며 자기라 한다
마음이 허환하면 모든 것이 허환하니
마음이 공하면 모두가 공하다
한 생각이 나지 않으면 만법이 허물이 없다

5 생각이 스스로 공하여 원래 생각이 없는 것이다

6 모든 법은 분별을 쫓아 생하고
그 분별을 쫓아 도리어 멸하네
모든 분별의 법을 없애면
이 법은 생하고 멸함 아니네

7 부지런한 자만이 도달할 수 있다

8 모든 법은 상을 여의었으니
모든 생각들이 생멸속에
생멸이 없음을 알라

9 선행을 하지 않으면
온갖 번뇌의 때가 벗어지지 않는다
밀행으로 온갖 선법을 닦을 때라야 만이
무심과 서로 맞아 집착함이 없어
진여의 법계에 계합한다
한낱 본래의 불성을 알고는
그 천진한 불성만 믿고
갖가지 선행을 닦지 않는다

10 찾아 나서면 그대가 보지 못할 줄 알라
항상 고요하고 충만하다

11 온 대지가 한상의 바른 눈이요
　온 대지가 하나의 가람이다
　이것이 이치를 깨친 사람의
　안심 입명할 곳이다
12 부처 이것은 자기 마음이라는 뜻이요
　또한 도라고도 한다
13 만일 모든 법이 마음으로부터 난 줄 알면은
　집착치 않아야 하리니 집착하면 곧 모른다
14 온갖법을 믿지 않아야 바로 믿음을
　이룰 수 있다
　믿게 되면 곧 원통의 지혜에 들어간다
　만일 하나의 법이라도 믿을 만한 것이 있다면
　바로 이는 삿된 소견이며 모두 믿지 않아야
　그 믿음이 이루어진다
15 나의 성품을 알면 법이 없음을 알며
　법이 없음을 알면 경계가 없음을 알며
　경계가 없으면 의지할 바가 없고
　의지할 바가 없으면 머무를 바가 없다

16 번뇌가 곧 보리임을 믿어야
   언제나 청정한 것이니
   본 성품에 일치되면서 발심하기 때문이다
17 나와 너라는 생각이 없는데
   나라는 생각에 머무른 뒤 생사에 유전하니
   나라는 생각을 알아 뒤바뀜을 끊어지게 해야
   법을 들은 뒤에 온갖 생각을 없애고
   집착한 바가 없으며
   생각을 알고 나서 모든 흐름을 건너면
   이것이 곧 이름하여 열반이다
18 의식은 공하기 때문에 만법도 공하다
19 원만한 수행은 지음이 없음으로 행을 이룬다
20 모든 경계를 분별하지 아니함이
   참으로 마음을 조복함이다
   고로 온갖 공을 분명히 아는 것이니
   언제나 삼매에 있게 된다
21 물질과 정신의 공을 알면
   부처 되기가 어렵지 않으리

22 보는 바가 없음은 온갖 법을 보면서
   보는 바가 없다는 것이다
23 번뇌가 곧 보리이어서
   마음과 나가 공하면
   즉 이것이 남이 없는 것이다
24 이 마음은 본래부터 영영 모든 모양이 없어서
   마치 허공이 맑고 고요하여
   움직이지 않는 것과 같을지니
   밝게 보는 마음을 금강여래라 한다
25 온갖 법은 하나의 모양일 뿐이다
26 온갖 법은 모두 이는 열반이다
   이런 뜻을 능히 얻은 이면
   동작하는 곳에서 고요히 사라짐의
   법을 보게 되어
   생사를 여의지 않으면서 언제나
   열반을 얻게 되고
   덧없는 몸을 버리지 않으면서
   늘 항상함의 몸을 얻는다

27 상대경계를 무너트리지 않으면서
   없어짐에 즉한다
28 마음이 바깥경계에서 나타나는 듯 하지만은
   저 경계는 있는 것이 아니다
29 이것으로 말미암아 저것은 모두 없고
   때문에 모든 것은 식일뿐이다
30 만법은 가는 터럭만큼의 한 법이라도
   마음 아님이 없다는 것을 알겠다
31 한 글자도 기억할 필요없고
   하나의 법도 알 필요없다
   왜냐하면 기억하면 생각의 끝이 되고
   이해하면 의근의 안에 떨어지기 때문이다
32 낱낱이 모두가 공하다
33 생각을 비워 체득하면 눈으로 직접 본다
34 열반의 문에 빨리 듦에는
   모두가 법을 들음으로 인해서이다
35 마음의 법은 머무름이 없음을 근본으로 하여
   머무름이 없는 마음의 체성은

신령하게 알면서 어둡지 않다

36 만일 탐욕에서 바른 생각 나아가
탐욕은 제 성품이 없음을 분명히 알면
탐욕에서 해탈하게 되며
만일 탐욕에서 삿된 생각 내어 집착을 하면
탐욕의 속박을 받게 된다
탐욕의 문이 그러한지라
팔만사천의 문이 또한 그렇다
하나하나가 법계를 두루 포함했기 때문이다

37 삼계는 허망하여 모두가 한마음으로
만든 것이며
생사와 열반은 모두가 마음에서
벗어나지 아니한다

38 마음일 뿐이요 경계가 없으며
티끌과 허망한 소견조차 없다

39 이른바 법의 모양 없음이니 온갖 법의 체성이
곧 자기 마음의 체성임을 분명히 알고
온갖 법이 두루 다 이름이 없고

모양도 없는 줄 관찰하여 마음은 성품이 없고
형색도 없어서 볼 수가 없느니라
마음에는 마음이 없으면서 나며
갖가지 빛깔과 형상의 모습을 보는 것은
마음일 뿐이다

49 물건이 없는데도 있다고 보네
오직 마음으로 지은 바요
모든 법이 없다고 보라

41 요점을 추려서 말한다면
마음을 관한 것보다 더한 것이
없는 줄 알지니
도를 보되 동떨어지지 않는 찰라 동안이요
증득하되 손바닥을 뒤집는 것과 같다

42 만유의 법은 본래 마음을 반연한지라

43 내 것이란 마음이 사라졌기 때문에
생사를 받지 아니한다

44 일체 중생은 참성품을 헷갈려서
본 마음을 통달하지 않은지라

갖가지 허망한 생각으로
바른 생각을 얻지 못하기 때문에
미워하고 사랑하며 고로
마음 그릇이 부서지면서
곧 생사를 받으므로 모든 고통이
저절로 나타난다

45 마음의 실상을 분명히 알면
깨침은 찰라 동안에 있고
수행을 쌓으면서 이룸은
원인도 멀고 결과도 요원하다

46 모두가 따라 기뻐하면서 실상의 마음에
회향하고 행주좌와의 거동에서 까지
부딪치는 것마다 관을 지으면
생각 생각이 종지에 계합되고
걸음걸음이 오묘함에 들어서
한 경계에서도 참 지혜를 잃지 않게 되리니
마치 화살을 땅에다 쏘면 맞지 아니함이
없는 것 같다

47 바깥경계는 모두가 공허한 줄 알면

한 법을 통달하자마자

만 가지 형상은 모두 마음자리로 돌아온다

48 도의 진리는 노력함이 어른이다

49 부처와 중생은 동일한 체성이다

중생이란 이것은 부처의 가명이다

50 마음에 묻고 관하지 않는 연유로

믿음을 점점 엷게 하나니

스스로 닦지도 못하는 주제에

어찌 부처님의 은혜 갚을까

법의 비 만약 내리지 않으면

법의 씨는 반드시 말라 죽으리

고로 마음에 묻고 관하라

법을 구하는 모든 이들이 마음에 묻고

관할 줄 모르면

괴로움을 당해도 얻는 바 없으며

진실한 즐거움 얻지 못하리

51 비추지도 아니하고 머무르지도 아니한다

52 참회하려는 이가 단정히 앉아서
실상을 생각하면
바로 생멸없는 마음을 알아서
그 자리에서 해탈한다

53 회향할 이도 없고 회향할 법도 없고
회향할 처소도 없다

54 보살은 해탈을 구하지 않나니
온갖법의 본성품이 고요히 사라져
해탈 아님이 없기 때문이다

55 마음은 공하여서 짓는 이도
짓게 하는 이도 없나니
만일 짓는 이가 없다면 짓는 모양이 없느니라

56 보살은 보리심을 내어서는
의례 마음이 공한 모양을 관찰하여야 한다
마음에는 마음이라는 모양이 없으며
짓는 이도 없나니 마음이 공하기 때문이다

57 있음 없음에도 머무르지 않는지라
곧 모든 법에서 해탈하는 것이니

온갖 법은 있고 없는데서 벗어나지
않기 때문이다
고로 생사와 번뇌 열반 및 해탈과
온갖 것이 없다
요약하면 온갖 세간과 출세간의
모든 법이 모두 없다

58 지견의 앎을 세우면 무명이요
봄이 없으면 열반이다

59 통달하면 두두 물물마다 여하다

60 모든 것은 제 성품이 공하다

61 번뇌를 여의고 열반을 구하지 말며
중생심을 여의고 불도를 구하지 말라
어리석음과 지혜는 다르지 않다

62 범부의 마음에 즉하면서 부처 마음을 본다

63 만법은 나의 한마음일 뿐임을 통달하면
심성을 관함도 일이 없다

64 온갖 법을 믿지 않는 이 이 믿음이 진여의
형상이니

진여의 이치 안에는 본래 모든 법이 없다

65 삼라와 만상은 하나의 법에 찍혔나니 바로 본제이다

66 한 생각이 온갖 법임을 안다

67 온갖 것에 마음이 없으면 시방에 두루하다

68 성인은 그 마음이 비었다
마음과 뜻이 없는데도 나타나 행해진다
앎이 없고 깨달음이 없다

69 마음의 경계와 일체 밖의 경계는
함께 하면서 있고 함께 하면서 없다
고로 유도 아니고 무도 아니다

70 성인은 생각이 없거늘 생사가 있을까

71 반야와 모든 법은 동일한 형상도 아니고
다른 형상도 아니다

72 마음도 없고 의식도 없되
깨닫고 알지 않음 없네

73 현상은 본체로 인하여 이루어지고
현상은 본체에 사무치는 것이니

유무가 쌍으로 행해진다

74 마음이 이미 있지 않거늘
   지을만한 부처도 없네

75 삼계와 육도는 모두 이는 참성품의 모양이다

76 망념은 본래부터 고요하고
   티끌의 경계는 본래부터 공하다

77 하는 일이 있는 것은
   (행하여도 행한 바가 없어야 하는데)
   이는 모두 미혹과 허망이니
   본래부터 일이 없음을 분명히 통달하여
   마음에 붙이는 데가 없어야
   비로소 뒤바뀜을 면하며
   그제야 해탈이라 한다

78 앎의 한 글자는 묘문이어서
   고요하고 공한 앎을 단번에 깨치면
   앎 또한 생각도 없고 형상도 없거늘

79 뜻을 분명히 알면 허망한 집착은
   본래부터 부술 것 없다

80 온갖 모든 법은 공하지 아니함이 없고

형상 이것은 다 허망한 고로

공 가운데는 오음 육근 사제가 없으며

지혜도 없고 얻을 것도 없으며

생사와 열반은 평등하여 마치 눈어리와 같다

81 온갖법이 곧 마음 제 성품임을 알면

지혜 몸을 성취하고

다른 이로 말미암아 깨치지 아니한다

82 모두가 분별은 제 마음이라

마음은 마음을 보지 못하고

얻을 만한 마음조차 없다

온갖 법은 거울 속에 형상과 같다

83 모든 법은 성품이 없는 것으로 성품을 삼는다

84 지금 현재 뚜렷하게 아는 바로 이것이

성품인줄 인정되어야 앎이 나지도 않고

사라지지도 않는다

85 외도가 증득에 어두움은

바른교의 조명을 받지 못하기 때문이다

86 어리석음과 욕망이 곧 진실한
지혜의 해탈이며
모든 착하지 않은 행 바로
이것이 방편의 해탈이다
번뇌로 하여금 그대로 보리가 되게 한다

87 여섯 가지 감관의 상대하는 바는
부처님법 아님이 없는 것이니
기바가 풀을 쥐면 약 아닌 것이 없다
만일 이렇게 될 수 있으면 관하는 바의 죄가
다시는 이것이 죄가 아니어서 죄 그대로
실상이다

88 한 생각의 마음이 일어나면
일어나되 일어나는 모양이 없고
철저한 공일뿐이며 삼계가 고요하며
마침내 얻을 수도 없다

89 움직임은 법왕의 싹이요
고요는 법왕의 뿌리다

90 마음을 쩌집음을 계라 하고

계로 인하여 정이 생기고
정으로 인하여 혜가 생기느니
이것이 곧 무루학이다

91 상상근의 사람은 심성을 곧장 관하면서
능소도 세우지 않고 생각도 짖지 아니하여
선정과 산란을 다함께 관하고 안과 밖이
다같이 평등하여
곧 관 없는 관으로 신령하게 알면서
고요히 비춘다

92 좋은 음식 차려놓고 먹지 않는 것처럼
많이 듣고 닦지 않는 수행 이와 같네
바른 법을 수행하지 않으면서 다문함은
뱃사공이 바다에 빠져죽는 것처럼
바른법을 수행하지 않으면서
많이 들음 이와 같네

93 무작 삼매에 의하여 진여의 일심을 관하면
생각 생각마다 진리에 합하고
생각 생각마다 원만해진다

94 한 생각이 본체와 상응하면
   곧 팔만 바라밀 작용이다
95 세간을 무너트리지 않으면서 세간을 뛰어나고
   번뇌를 버리지 않으면서 열반에 든다
   온갖 모든 법은 본래부터 항상 스스로
   고요히 사라진 모양이기 때문이다
96 온갖 현상이 어지러이 참여하는데도
   뒤섞이지 아니하며 온갖 것이 하나라
   모두가 같아서 성품이 없고
   하나가 온갖 것이라
   이것이 곧 일승원교 최상승이다
97 마음이 공하면 온갖 법이 공하다
   이것이 가를 체달하여 공에 들어가는 것이다
98 온갖 경계에서는 스스로 분별하는 생각이
   없는 고로 일체상을 여의었다
   온갖 법은 마음만의 생각으로 나는
   것인 줄 관찰하여
   마음을 여의게 되면 하나의 법도

하나의 모양도
차별이 있다는 것이 없다

99 심성은 남도 없고 멸도 없고
시청각지에 주하지 않는 줄 알아
영원히 온갖 분별하는 생각을 여의는 것이다

100 마음과 경계는 둘이면서 둘이 아니니
진각이다

101 한 생각이 온갖 법인 줄 아는 것이
이것이 도량이니
일체지를 성취하기 때문이다

102 공에 즉하면서도 공에 머무르지 않고
이와 같아야 공속에 공이 없어서
공이 아닐 뿐이요
이렇게 비추어야 비춤 속에 비춤이 없어서
비춤이 아닐 뿐이니 이런 이치를 본다면
곧 만물을 보면서도 저절로 비게 된다

103 전체가 하나의 참법계일 뿐이다
고요하고 횡하니 비고 깊고 넓게 휩싸여

온통 만유를 겸하니 한마음이다

104 체성 그를 밝게 이해하면 환히 크게 깨친다

105 마음과 경계가 거리끼지 않으면서 한맛이요
한 맛을 무너트리지 않으면서 마음과 경계이다

106 만일 생각을 움직여 마음을 일으키면
이내 악마의 그물에 들어가니
법은 생각을 움직이지 않기 때문이다
법답다는 것은 생각이 제거됨인 것이요
다만 생각을 움직여서 고요함에 즉할 뿐이다

107 법·도는 온갖 관행을 여읜다

108 대저 진리는 선정으로써도
구할 수 없기 때문에
마음이 없음으로써 얻게 된다

109 한마음의 생각이 곧 여래장의 이치이며
꽃 향기나무 구름이 법계의 법문이다
그리고 온갖 법이 다 이는 불법인줄 알라

110 또렷또렷하게 환히 알면
소견 그물 더욱 더하고

고요하여 보이는 것 없으면
깜깜한 방에서 옮겨가지 않는 것과 같으며
또렷 또렷하여 망상 없으면
고요하고 고요하여 밝아지나니
보배의 도장이요 삼라의 일상이다

111 의식은 온갖 곳에는 반연할 수 있으면서도
반야에는 반연하지 못한다

112 본래부터 본래 처소의 성품이 없기 때문에
얼을 수 없고
근본이 없는 처소가 없지도 않기 때문에
얼을 수 없는 것도 아니다

113 요약하여 말한다면 다만 바로 그 아래서
마음이 없을 수 있으면 같음과 다름이
다같이 공하고
옳고 그름이 함께 없어져서 없어진다는
것도 없어지고
공하다는 것도 공하리니
이것도 오히려 말을 붙이고

자취로 인한 대대이거니와
만일 대대가 끊어지고
담박한 마음을 깨칠 수 있으면
오직 상응함만이 계합되어
다시는 설명을 기다리지 않으리라
114 바르게 수행한다함은
의지할 바 없는 것이 된다
한 물건에도 의지하지 않는다면
의지할 바가 이미 고요해지고
능히 의지함 또한 없어져서
마음과 대상이 다같이 공하고
삿됨과 바름이 쌍으로 없어지니
곧 바른 수행이다
115 진리와 범속이 쌍으로 없어지고
공과 있음이 둘 다 없거늘
어느 것이 경계이고 어느 것이 지혜인가
116 앎이 없다는 것은 참 지혜로
지혜를 비추면서

얼음을 취하지 않음이다
117 마음이 있음에서 보면,
겨우 한 생각이 일어나자마자
뒷생각이 있지 아니한 줄 살피면
곧 허물이 성립되지 아니한다
그러므로 선문에서는,
생각이 일어남을 두려워하지 않고
경계가 일어남을 깨닫는 것이
더딤만을 염려한다
갑자기 일어나는 것이 병이요
있지 아니하는 것이 약이니
마음을 내는 이것이 바로 죄가
생기는 때이다
처음 마음이 일어날 때
생각을 껴 잡음이 우선이니
마음을 한곳으로 껴잡는 이것이
공덕의 총림이요
생각이 조각조각 흩어질 때

이것이 번뇌의 나찰이다

118 모두가 뜻으로 짓는 바라 마땅히
스스로 힘쓰며
멸도의 편안함을 구해야 한다
여섯 감관 감추기를 거북이 같이 하고
뜻을 방어하기를 성같이 하라
지혜와 악마가 서로 싸워서 이기면
근심이 없게 되리라
의지가 만일 쉬어지면 여섯 갈래가
다같이 한가해져서
온갖 악마가 짬을 얻지 못하리

119 공허하고 밝으면서 스스로 비춘지라
마음과 힘이 수고롭지 아니하다

120 얻을 바가 없는지라
깨달음에 즉하여 깨달음이 없나니

121 온갖 육진이 다 이는 경이니
마음은 온갖 곳에 두루하기 때문이다

122 육진 이것은 법계라 본체 스스로가

이는 경이며
소리는 소리가 아니고 소리 아닌 것
역시 소리며
소리도 아니고 소리 아닌 것도 아니며
소리는 교설과 수행과 도리의 근본이 된다
육진 경계도 다 그러하다
123 온갖 세상에서 생산업을 경영하는 모두도
실상과는 서로 어긋나거나 저버린 것이 아니다
내외 경계가 다 그러한 계합된 경지다
124 꽃 향기 나무 구름이 법계의 법문이다
125 한마음의 생각이 곧 여래장의 이치이다
126 온갖법이 다 이는 불법인줄 알라
127 듣고 나서 반연하고 찾는 마음이 쉬어짐을
지라한다
128 법성만을 믿을 뿐이요
그밖에 모든 것을 믿지 않음을 관이라 한다
마음으로 관하여 분명히 알고
이 지가 상응해야 한다

129 아직 진리에 도달 못했어도
관하는 마음이 쉬지 않으면
더욱 관할수록 밝아지고
더욱 그칠수록 더욱 고요해진다

130 구경 즉 경계가 없고 생각이 없다

131 팔만의 미혹된 업을 일푼 만큼도
끊어 없애지 않으며
온통법계가 한 생각의 마음 끝에
성범취사 분별망념이 다한다

132 생각생각마다 서로 즉하고
마음은 마음을 알지 못한다
숨고 드러남이 때를 같이 한다

133 만행은 한마음 아님이 없고
한마음은 일찍이 만행을 어기는 일이 없다
고로 알라
다만 한법을 정밀하게 연구하면서
안으로 비춤이 분명하기만 하면
저절로 부드러워져서

신령하고 순탄한 법계의 성품에 들어가
무심히 도에 계합하고
한동아리의 문을 밟으리라

134 하나의 법이 그대로 온갖 법이다
만일 온갖 법이 모두 성품이 없으면
바로 이것이 분신불이다

135 사람 마음에 산란이 많으면
마치 미치광이와 같고
도적과 같고 취한 이와 같으니
한마음을 공경히 삼가면
이 모든 공덕의 첫문으로 마음이 꺼잡아져서
선정을 얻고 이내 진실한 지혜를 얻게 되며
지혜를 얻으면 해탈하게 되고
해탈하게 되면 문득 괴로움이 다하게 되니
이런 일은 모두 일심으로 얻어진다

136 부처가 아무 것도 없는 속을 향해서 나오고
법이 필경공 안에서 건립 되는 줄 알 것이다

137 온갖 세간의 법이 모두 환화와 같은 줄

분명히 알며

법이 허깨비이므로 지혜도

허깨비 업도 허깨비이다

불가사의한 해탈의 환 일체 곡두와 같다

138 마음 성품은 마침내 마음이 없다가

인연이 있을 때는 밝은 마음이 된다

마음은 공과 유가 아니듯이

마음으로부터 나는 법 또한

공과 유가 아니다

온갖 법들은 한마음 속에 있다

139 모든 여래는 여환지에 머물러서

그 마음이 평등하다

모든 세간이 다 곡두와 같아서

집착한 바가 없으며

온갖 처소에서 내 것이 없다

요술쟁이 요술의 세계처럼

주하지 않고 미혹됨이 없는 것처럼

내가 법에 들어갔다거나 착란함이 없다

요술의 세계 환과 같이 보라
내 마음은 마침내 얻을 수 없다
140 이 마음의 근원은 여래의 마음과 동일하다
이같은 원만한 관을 지으면
이것이 곧 부처의 관을 지음이다
141 온갖 마음을 좋아하지 않는 이
온갖 경계에 의지하지 않는 이
한 법으로써 온갖 법에
온갖 법으로써 한 법에 귀일한다
142 공과 유가 녹아 어우르고
본체와 현상이 상즉한다
한마음으로 온갖 법에 상즉한다
143 깨쳤을 때는 마음이 경계를 포섭한다
마음이 있으면 경계가 있고
마음이 공하면 경계도 공하여
가관에도 머무르지 아니한다
144 마음이 없음에서 본다면
처음 일어날 때에도 곧 처음 모양이 없고

뒤의 생각이 바로 나는 때에도
마침내 얻을 수 없음을 알기 때문이다
죄가 생겼다가 다시 소멸된다
왜냐하면 마침내 보지 못하기 때문이다
또 만일 마음밖에 법이 없음을 환히 알면
망정의 생각이 나지 않고 공들일 필요도 없이
곧장 부사의한 자리에 들어가리라

145 동요함이 없는 처소 얻은 이
언제나 처소 없는데서 머무른다
마음은 끝과 갓이 없고 처소를 보지 못한다
시방에 두루하고 삼세에 두루하니
끝과 갓이 없다

146 모두는 이미 불도를 이루었다
성품과 모양이 평등하다
불성이란 하나요 하나도 아니며
하나가 아니면서 하나가 아님도 아니다

147 만일 경계 이것이 식인줄 알고
사물은 마음일뿐임을 분명히 알면

길고 짧음에 구애받지 않거늘

148 인연을 따르고 자취에 응하며
느낌에 나아가고 근기를 따르며
도량에서 움직이지 않고
몸은 법계에 나누어져 있으며
차별된 자취에 계합되고 평등한
근원에 사무침은
시방에 법계가 두루 충만했음이다

149 해탈을 구하거나 물듦을 여읜다는
생각이 없이
다만 법성의 배를 타고 자비의 돛과
지혜를 뱃사공 삼아 서원의 바람을 젖으며
집착이 있는 고기를 의지함이 없는
넓은 광명의 언덕에 놓는도다

150 모든 진경이 이는 식일뿐임을 모르기 때문에
마음 밖에 경계가 있다고
집착한 이들은 미치지 못할 바다

151 공이 대각의 안에서 남은 마치 바다에서

하나의 거품이 난 것과 같다
고로 법이거나 행이거나 간에
모두가 나의 심성이어서
마치 허공과 같은 줄 알거늘
어찌 싫어함과 게으름이 있겠는가
152 번뇌의 성품이 공한 줄 알면
부처가 세간에 출현한 것이다
고로 탐진치가 나오면 이것이
부처의 출현이니
다만 중생들로 하여금 법성이라는 뜻을 끊고
현은의 모양이 없으며 조용한데 머무르면서
하는 일이 없게 할 뿐이다
이 법문을 통달하면 부처의 출현이요
이와 같은 일을 말하면 진실한 자비이다
153 온갖 법은 본래 유심이라 실로
생각을 함이 없는
이것이 바로 제종의 도리이다
이른바 법성은 끝없는 때로부터

이 한마음 뿐이어서
하나의 법도 마음 아님이 없기 때문에
그리하여 허망한 마음이 있으면
모르는 결에 생각을 일으켜
모든 경계를 보기 때문에
무명이라 말하거니와 만일 한마음의 성품이
고요히 사라져서 일어남이 없으면
바로 이것이 본각의 지혜 광명이다
154 만일 마음에 움직이는 모양이 있으면
바로 이것이 무명으로 훈습된
습기이기 때문에
심성이 고요하여 시끄러움이 없이한다
155 참 성품은 일어나는 것이 없다
일찍이 따로 체성이 없다
156 정려로써 언제나 연구하면서
영원히 반연을 끊고
몸과 마음을 한결같이 하여
깨치는 것으로 한정을 삼아야 한다

혹은 경계로부터 밝아지기도 하여
훤히 트이면서 뜻이 사라지면
참마음이 현전한다

157 일어남 없는 것이 곧 일어남이요
일어남이 곧 일어남 없는 것이며
일어난 것도 아니고 일어나지도 않나니
이것이 불가사의한 일어남이다

158 이 종경을 듣고 한 생각이라도
따라 기뻐하면
모두가 위없는 보리수기를 받으며
한 글귀라도 받아 지닌다면
모두가 여래에 공양한 것과 같다

159 자기가 지은 공덕을 평등하게 하기 위하여
진여에 회향하며
자기가 지은 공덕을 광대하게 하기 위하여
한마음에 회향하며
자기가 지은 공덕을 명료하게 하기 위하여
본각에 회향한다

160 신해의 힘을 닦는 이는
자타의 법성이 한몸이어서 같고
의지할 바 머무름이 없으며
나가 없고 내것도 없으며
마음과 경계가 평등하여 두 모양이 없다
신해의 힘을 믿기 때문에 온갖 법성이
본래 법계일 뿐이요
조작하는 성질이 없으며
진리에 의하여 머무르는데
머무를 바 없는데 머무르고
온갖 모든 부처와 중생은 한 가지이며
한 마음의 지혜는 성품이 참된 법계에 머무르고
모든 분별은 바로 온갖 부처의 근본인
부동지이며
법성은 한결 같은 진실이라 이 지혜를
같이 한다
자기 마음 이것이 부처의 종지요
일체지 임을 온전히 믿는지라

마음 밖에 따로 부처라고 믿는 마음이
있지 아니하고
또한 자기 마음 안에서 자기 마음을 보거나
부처의 모양이 있지 아니하다

161 범부와 이승은 생사와 열반에
증애취사심을 내어 헤아리면서
유심의 도리를 분명히 모른다
만일 온갖 법은 식의 헤아림 뿐인줄 알고
분별 사식 밖에서 헤아리는 분별을 버린다면
이미 유심을 분명히 안 것이라 진리에
나아감이 빠르다

162 부사의한 경계는 본래 스스로 원만하게
이루어져서
오래 전부터 나타나 있느니라
상근은 보기만해도
이내 나아가며 의심이 없으므로
거듭 밝힘을 기다리지 않는다

163 이미 만법에는 형상이 없거늘

무엇을 대상으로 있다 하겠는가
있는 것은 벌써 있지 않거늘
164 무엇을 한 법이라 하느냐 생각없음이니라
보살은 무념을 얻으면
온갖 법이 모두 다 형상이 없는 것으로
관하느니라
부처가 된 것은 이 한 행으로 말미암아
이루어진 것이니라
165 열반은 모든 모양을 없애고
온갖 동요하는 생각과 쓸모없는 의론을
멀리 여의는 것이라고 이름한다
168 거친 생각과 세밀한 생각이 쉬면
이름과 말이 끊기고 말과 생각이 끊어지면
상대가 끊어져 없어진다
169 상대가 끊어지고 지음이 없는 참마음은
정식의 분별로는 미치지 못하기 때문에
일컬어 공이라 한다
170 많이 듣는 것이 공이 없어서

닦아 익힘에는 미치지 못한다

171 이 경을 듣고 나면 비록 번뇌가 있다하더라도
없는 것과 같아서 이내 온갖 인간과 천상을
이익되게 하리니 왜냐하면 자기 몸에
불성이 있음을 분명히 알기 때문이다
이것을 항상함이라 한다

172 생각이 없는 생각을 진실한 생각이라 한다

173 온갖 법은 없어서 자기 모양과 남의 모양과
자타의 모양도 없고 원인의 모양도 없다
짓는 모양도 없고 받는 모양도 없으며
짓는 이의 모양도 없고 받는 이의 모양도 없다
법과 법 아닌 모양도 없고, 남녀, 사부,
작은 티끌
자타를 위한 있는, 없는, 나는, 나는 이,
원인, 인인, 결과, 과과, 주야, 명암, 각지,
보리, 보리를 증득한 이 업, 업주인, 번뇌,
번뇌 주인의 모양도 없느니라
선남자야 이와 같은 모양들이 사라지는

곳에 따라 이것을 진실한 생각이라 하거니
이것을 법계라 하고 필경지라 하고
제1의 제라 하고 제1의 공이라 한다

174 모두가 났다가는 없어지는 법
났다 없어졌다 하는 법 없어만지면
고요한 즐거움 그윽하리라

175 세간의 망상이 공인줄 환히 알면
끝내 다른 소견의 분별인 성범유무등을
일으키지 않는다
망상속에 다른 분별을 일으키지 않는다면
진리를 환히 안다
그러나 여량지와 여리지가
쌍으로 녹아야 한다

176 향해가면 등지고 가까이가면 떨어지며
취하면서도 다시 잃고 급하면서도 다시
더디나니
천성인이 팔짱끼고 있으면서 견주어 보는
것이 없고

한문으로 깊이 들어가면서 깨닫고
아는 것을 잊는다

177 보고 듣고 깨닫고 아는 법으로써 하지도 않고
얻음으로써 하지도 아니하며
온갖 법에서 모양도 없고 보임도 없음을
수도라 한다

178 온갖 있는 바는 바로 망념일 뿐이다
온갖 모든 법은 망념에 의지하여
차별이 있을 뿐이니
만일 마음의 망념만 여의면
온갖 경계에 모양이 없다

179 현상과 본체가 서로 통한지라
현상과 본체라는 설명을 지을 수도 없고
현상과 본체가 상즉한지라
하나와 여럿이라는 설명을 지을 수 없다
모든 법 참모습 안에는
나도 없고 나 아님도 없다

180 명, 상, 망상, 정지, 여여의 다섯 가지는

모두 비고 고요하다
진여에 헷갈려서 망상을 이루는지라
망상 이것이 생기거니와
명상이 본래 여여함을 깨치면
망상이 문득 지혜와 일치하기 때문이다
그렇다면 명상과 망상은 없고
여여한 지혜일 뿐이니
지혜는 체성 또한 공하고
여여는 지혜를 빌려서 밝아지는지라
본래부터 항상 고요하다
때문에 다같이 공하다
181 마음과 경계가 둘 다 없으면
모두가 끊어져 없어지며
마음에 마음없는 이것이
바로 안심이기 때문에
심생 즉 허망이요
마음이 남이 없으면 이것이 곧 불이다
182 생각의 모양이 도무지 고요하여야 한다

183 마음이 있음이여 오랜 겁동안
범부에 걸려있고
마음의 없음이여 찰라 동안에 정각을 이룬다
184 마음을 요달하려면 마음에 요달할만한
것이 없나니
요달함이 없음을 요달하는 이것이
참으로 요달이다
185 온갖 법은 나지도 아니하고
온갖 법은 사라지지도 아니한다
만일 이렇게 이해하게 되면
모든 부처가 언제나 나타난다
이렇게 이해한다 함은
마치 나지도 않는다고 이해하면서
이해하는 모양이 없는 것이니
186 성품이 공함이 바로 이는 부처라
헤아려 얻을 수 없는 것이다
마음 그대로가 부처이다
187 말이 없는 것만이 도와 계합될 수 있고

생각을 비우는 것만이 진리와 통할 수 있다

188 온갖 법은 모두가 공하고 고요하여
취착할 것이 없는 것으로 관해야 하느니라

189 반야는 이해할 수 있는 것도 아니요
이해할 수 없는 것도 아니다

190 물건과 나가 차별이 없어지고 온갖 경계에
계합된다

191 삼계가 유심이요 삼세가 유심임을 분명히
알면서도 그 마음은 한량없고 그지없음을
분명히 안다고 했으니 이것이 견줄데 없는
머무름이다

192 한생각에 단박 법계 법문을 증득하여
몸과 마음의 성품과 모양은 본래부터
법체일 뿐이라
일을 운용하며 움직이고 고요한 것이
두루 평등하여
지음이 없는 지혜에 맡기는 것이니
바로 이것이 부처이다

하나의 참된 법계에서 법에 맞져 시행한다
이 보문 법계의 도리와 지혜로 모든 장애는
저절로 없어져서 따로의 다스림과 따로의
수행과 따로의 끊음이 없으며 변화를 보지
못하나니

193 널리 온갖 것을 관찰하면 법문 아님이
없고 해탈 아님이 없지만 다만 자기의
마음으로 굳이 매임과 집착을 내게 됨은
일이 많음 때문이요 고통의 흐름에 잠기기
때문이다

194 일과 일마다 바른 도리 아님이 없다

195 비로자나는 온갖 처소와 온갖
모든 법에 두루하므로
모두가 이는 불법이다
마음의 근원, 진여, 법계, 실상도 이와 같다

196 현상계에 즉하면서 진실이어서 실상 아님이
없나니 하나 안에 여럿이다
있으면서 바로 없어지고 여럿 속에 하나이다

197 마음 이것이 경계인줄 알라

198 모름지기 감관의 문을 은밀히 보호하여
   언제나 뜻자리를 막아 망녕되이 일으켜
   잠시라도 앞의 경계를 따름이 없게 해야 한다

199 만일 경계를 알고 마음을 알면
   마침내 다시 대경의 침입을 받지 않고
   안에서 맺고 능히 묶으리라

200 바깥경계를 망념되이 알아서
   하루내내 마음을 가지고 마음을 취한다

201 공을 해설함은 유를 교화하기 위해서인데
   만일 공에 집착함이 있다면
   모든 부처가 교화하지 못할바다

202 마음은 뭇 허망의 근원이요
   눈 이것은 모든 소견의 근본이다
   자기 마음이 미혹하므로 말미암아
   대경을 짓고 망식을 집착하게 되면서
   안에 나를 삼나니 나로 말미암아 억지로
   주제를 삼고

생각을 쫓으면서 나와 남을 건립하여
곡두를 안고 허망에 의지하면서
드디어 뒤바꿈을 이룬다

203 관은 중도를 밝히는 것인데 중도를 밝히면
관을 잃게 되고
공은 첫째를 드러내는 것인데 첫째를 얻으면
공을 어긴다

204 부처를 가지고 부처를 들으려 하는데
어찌하여 스스로 듣는 것을
듣지 아니 하는가
어찌 한 생각이 근원으로 돌아가
끼쳐주신 종지에 깊이 어울림만 같겠는가

205 이 모두는 전혀 최초의 들음이 많은
힘으로 인하여 보리를 성취한다

206 만일 이 종경을 여의면 따로 부처되는
문이 없다
설령 닦는 바가 있다해도
모두 악마와 외도를 이룬다

207 실상은 온갖 법에 두루 있어서 온갖 법
그대로가 실상이어서
일찍이 하나의 법도 법성에서 벗어나는
일이 없다

208 지혜는 있되 들음이 많지 않으면
이것은 실상을 모르는 것이니
비유 하면 아주 깜깜한 데에서
눈이 있데 보이는 바가 없는 것 같다

209 만일 마음이 움직이지 아니하면
모든 일이 고요해져서
여실의 문에 들어가 분별이 없는데
머무르게 된다

210 생각 생각마다 중생을 이롭게 함을
잊지 아니하고
걸음걸음마다 도와 상응코자 노력한다

211 만일 한 티끌도 보이지 아니하면
취할 바가 없고
취한 바가 없으면 역시 줄만한 것도 없다

이것이 보시의 이치요 크게 버린다는 뜻이다

212 이 대장경 종경록은 바로 보배더미여서
모든 부처의 위없는 큰 보리의 법 보배를
얻을 수 있고
온갖 불가사의한 공덕이기 때문에
이는 청정한 더미여서
62종의 삿된 소견의 때와
팔만사천의 번뇌의 흐름이 없기 때문에
온갖 중생의 소원을 원만하게 할 수 있고
일체 중생의 마음을 청정하게 할 수 있다

213 이 반야바라밀은 필경공에 이르기까지
집착하지 아니하고 불가사의함 역시
집착하지 않나니 그러므로 청정한
무더기니라

214 소견은 망령된 마음에서 일어나는 것이요
법에는 본래 소견이 없다

215 성품은 온갖 곳에 두루하다

216 아무데도 있는 데가 없다

217 이 종이 거두지도 않고 껴잡지도 아니함을
깊이 통찰하면
상념에 즉하면서도 지혜를 이루고
어묵에 있으면서도 진리에 명합되어
온갖 중생들의 몸이 몸이 아니어서
가는 것도 없고 오는 것도 없음을 안다

218 성품은 온갖 처소에 두루하기 때문에
성품으로써 다시 성품을 볼 수 없는 것이니
분명하게 드러나서 털끝만큼도 숨어있지
아니하다

219 만일 경계가 고요하고 식이 스스로 생김이
없음을 환희 알면 평등한 진공에 들어가며
비로소 마지막 보통 성품이라 일컫는다
때문에 보는 성품은 두루 하거늘
네가 아니고 누구이겠느냐

220 골짜기 안에 소리가 없어서
메아리가 없는 것 같이
법계 안에는 모두 소리가 없으며

온갖소리 모두가 허망한 경계에서 일어나니
허망한 마음이 동요하지 않는 때에는
모두가 허망한 생각이 없거니와
차별된 마음에 집수가 있어서 소리가 있다
221 만법이 본래 텅비어서 있고 없음이 비었거늘
생멸이 어디에 있겠는가
그렇다면 나의 성품과 여래의 성품이
다름이 없겠거니
온갖 세간의 법이 바로 불법이기 때문이다
222 마음 바다속에서 소리가 나는 곳을
관할 뿐이다
마음의 바다는 원래 형상이 없는 것이요
마음이 비록 소리를 포함한다 하더라도
소리 또한 형상이 없으며
형상이 없으면서 온갖소리 가운데서
해탈하게 된다
223 법마다 마음 아님이 없고
마음마다 법이 되지 아니함이 없나니

이와 같이 분명히 통달하면
온갖 모든 법에서 합하지도 않고
흩어지지도 아니하며
속박도 없고 해탈도 없다
224 그대의 뒤바뀐 기관돌려서
도리어 제성품 듣는 것을 들으면
그 성품 위없는 도를 이루이니
원만하게 통합이 실로 이러하니라
225 모양을 생각함은 허망한 티끌이요
식정은 더러운 때이니 두 가지를
다함께 멀리 여의면
너의 법안이 맑고 밝아지리니
어찌 위없는 지각을 이루지 않겠느냐
226 만일 생멸을 버리고 진상을 수호하면
항상하는 빛이 앞에 나타나서
감관 대경 의식이 즉시 녹아 떨어지리라
227 만일 듣는 성품을 환희 알면
이내 정각을 이루리니

이때에는 마음과 경계가 쌍으로 원융하고
움직임과 고요함과 다함께 없어진다

228 하나의 감관이 근원으로 돌아가면
여섯 감관이 해탈한다.

229 온갖 모든 법은 망념으로 인하여
차별이 있나니
만일 망념을 여의면
경계의 차별된 형상이 없다

230 감관과 경계가 거리낌이 없다
감관을 관하여 정에 들어간지라
감관과 경계가 한마음 뿐이다

231 빛깔대경에서 정정에 들어가 눈에서 일어나도
선정의 마음은 어지럽지 않나니
눈은 생김이 없고 일어남도 없으며
성품은 고요하고
사라져서 지을 바가 없음을 설명한다

232 선정과 지혜가 많다해도 현상과 본체를
벗어나지 않나니

그를 오로지 하여 일마다
이룩되지 않음이 없음은
현상의 정문이요 능히 심성을 관하여
진리에 계합되어 동요되지 않음은
본체의 정문이다

233 한마음이 동요하지 않으면
모든 선정에 들어가고
경계에 생멸이 없음을 환히 앎을 반야라 한다

234 일어남은 정과 함께 허공계와 같으며
다만 하나와 여럿이 융통하고
같음과 다름이 거리낌이 없을 뿐이다
마땅히 알라
정이 곧 일어남이요 일어남이 곧 정이며
나옴과 들어옴이 거리낌이 없다

235 빛깔 등은 본래 청정하다고 해야 하리니
형상은 취함으로써 물들게 되는 것만이 아니고
마음이 없음으로써 청정하게 될 따름이다

236 다만 현상과 본체가 둘이 없고

감관과 경계가 일여함만 능히 알면
근심이 생기지 않고
저절로 나아가 들 것이다

237 현상안에 것이 본체이거늘
어찌하여 거리낌이 있으며
마음밖에 경계가 없으면
염려는 저절로 생기지 않는다
그렇게 되면 종경의 한마음에 들어가고
지관이 쌍으로 운용되어
그제야 정혜가 장엄되고
자리와 이타의 그지없는 행이 원만해지리라

238 애욕의 줄 만번이나 맺히고
가닥가닥 모두 정의 밭에 매여
높은 언덕 아만의 산 솟아 법계를 멋대로 막고
긴긴물결의 탐욕의 바다에 넘쳐 흐름을
모두 삼키어
수고로히 반연하고 악착같이 나르며
팔고의 괴로움과 죽음과 윤회의 괴로움에

얽힘은 이 모두가 스스로의 마음을
안정하지 못해서이다
239 마음 안정시키는 문과 곧바로 상응하려면
선정 지혜보다 우선한 것이 없다
선정은 바로 자기마음의 체성이요
지혜는 바로 자기 마음의 작용이며
선정은 곧 지혜이기 때문에
체성은 작용을 여의지 않고
쌍으로 부정하면 다함께 없어지고
쌍으로 긍정하면 다함께 존재하니
체성과 작용이 서로가 이루고
부정과 긍정이 거리낌 없다
240 선정과 지혜를 평등하게 배워야
불성을 분명하게 본다
241 업의 힘 때문에 생사에 들어가고
선정 힘 때문에 생사에서 벗어난다
242 해야 할 바를 무심하게 한다
만일 마음이 있으면 마음이 안정되지 못하고

무심하면 저절로 즐거워지기 때문이다
243 마음과 더불어 벗이 되지 말라
　　 무심하면 마음이 저절로 안정된다
　　 만일 마음으로 벗을 삼아서 움직거리면
　　 마음의 속임을 당한다
244 존재를 깨트리면 법왕이 세간에 출현한다
245 바깥경계는 본래부터 공하니
　　 마음이 있으면 법이 있고
　　 마음이 공하면 경계가 공하다
245 무심하게 되면 경계가 저절로 나타나지 않나니
　　 이미 대대가 없거늘
246 맑고 잠잠하여 없게 하는 것이요
　　 그 자체가 바로 없는 것이다
　　 전자는 깨달은 관에 의해 없어지면서
　　 가슴이 비고 생각이 고요해져서
　　 점점 미세한 데까지 이루는 것이며
　　 후자는 생김이 없음을 곧장 알아서
　　 한생각의 일어나는 것도 얻을 수 없기

때문이다

247 마음이 있기 때문에 마음의 장애가 있고
마음의 장애가 있기 때문에 참된 지혜가
염려하는 속에 숨는다

248 대저 마음을 허공처럼 비우지 아니하면
그의 미묘함을 보지 못하고
몸을 관하지 아니하면 그의 여읨을
보지 못하나니
만일 그 여읨과 미묘함을 보지 못하면
그 도의 요의를 잃는다

249 만일 어떤 사람이 모양과 모양 없음이
평등하여 둘이 없으며 취함도 없고
버림도 없으며 그것도 없고 이것도 없으며
역시 중간도 없음을 분명히 알면
성인의 언설을 빌리지도 않고 진리를
저절로 통해지리라

250 무엇을 반연이라 하느냐 하면
삼계가 있음을 말하고

엇을 반연을 쉰다고 하느냐 하면
마음으로 얻는 바가 없음을 말한다

251 보고 들음 허환한 눈병같고
삼계란 허공의 꽃과 같거니
들음 회복되고 눈병제거되면
티끌은 스러지고 깨달음 청정해진다
이로부터 한결같이 안으로 관하면서
글을 버리고 진리를 궁구한다

252 자기 마음이라는 성품은 온갖 처소에 두루하다

253 그대들 밖으로 찾지 말고 안으로 하나를
지키기만 하라
마음의 근원에다 한결같이 집중시키는 것이다

254 어떤 이는 오랫동안 들어도 이해하지 못하다가
잠깐동안 생각하고 곧 해결하기도 한다

255 마음이 형상이 없으면서 삼매에 든다
오래오래 익혀서 성취된지라
다시는 마음 쓰는 것이 없이
항상 정과 함께 있다

256 마음이 있으면 모두가 고통이요
    마음이 없으면 모두가 즐겁다
257 마음이 없으면 곧 주재가 없고
    주재가 없으면 분재가 없으며
    분재가 없으면 곧 생사가 없다
258 일체중생은 항상 스스로 마음이 없고
    마음의 체성은 본래부터 항상 고요하며
    고요하면서도 언제나 경계를 따라 비추고
    분별할 줄 아나니 이것이 곧
    진실한 성품이다
259 다만 마음으로 분별하면서
    알음알이를 짓는 곳이 있기만 하면
    다같이 이는 허망인줄을 알아야 하리라
260 다만 마음이 없게만 되면 곧
    깨달음이 같아진 뒤에
    모든 경계가 끊어지되
    조그마한법도 얻을 만한 것이 없어야
    부처님이 이에 수기를 한다

261 다만 중생들은 스스로의 마음이
항상 고요함을 분명히 모르고서
망녕되이 마음이 있다고만 헤아리므로
마음이 이내 경계를 이루거니와
마음에 즉하여 마음이 없으면
본체가 없기 때문에
본체는 항상 이것이 마음이고
본체는 항상 이것이 마음이기 때문에
움직이지 않는 모양의 마음이며
마음은 항상 이것이 본체이기 때문에
마음의 모양을 얻지 못하고
마음의 모양을 얻지 못하기 때문에
곧 이는 중생이 나지 않는 것이요
움직이지 않는 마음의 모양이기 때문에
이것은 부처도 나지 아니한다
부처를 내는 것도 다함께 나지 않기 때문에
곧 법성은 항상 평등한 법계의 성품이요
순일한 도는 청정하여 다시는 다른 법이 없다

262 만일 어떤 중생이 온갖 망념은
모양이 없는 것으로 관할 수 있으면
여래의 지혜를 증득하게 된다

263 만일 거울의 형상이 필경공 인줄 알면
곧 몸과 마음도 필경공이며
붙인 이름의 필경공이라 역시 필경공도 없다
중생의 마음의 제 성품은 공이기 때문에
모양이 없는 모양이다
필경공인 온갖 모든 법은 분별이 없으므로
이것을 마음이 없는 모양이라 한다
이 마음이 없는 모양은 바로
마음에 즉하면서 마음이 없는 것이라
아주 없는 것이 아니다

264 만일 종으로 돌아가 종지를 쫓는다면
본체와 현상이 쌍으로 녹고
마음과 경계가 함께 없어지며
선정과 지혜가 나란히 소멸된다

265 만일 중생이 대경의 공함과 법공만 얻으면

온갖 법 그대로가 마음의 제 성품임을
알겠거니
다시 무슨 법이 있기에 널리 펴 말하겠는가
266 한 마음은 만법의 성품이 되고
만법은 바로 한마음의 모양이다
성품 모양에 즉한 모양이라
이것은 하나 안에 여럿이요
성품은 모양에 즉한 성품이라
이것은 여럿 속의 하나이다
만일 성품도 분명히 모르고
모양도 분명히 모른다면
모양은 곧 허망이요
만일 모양도 알지 못하고
성품도 알지 못하면 그 성품은 곧 외롭나니
모름지기 성품과 모양이 다함께 통하여야
자기도 이롭고 남도 이롭게 함을 겸하게 된다
267 모양에 치우침은 허망을 이루고
성품에 치우침은 공에 빠지나니

융통하여 단견과 상견을 멸한다

268 깊은 마음으로 항상 청정함을 믿고
이해한다 함은
번뇌 그대로가 보리인줄 믿어야
항상 청정하게 된다는 것이다

269 소견이 존재하면 곧 범부요
망정이 없어지면 곧 부처니라

270 법은 성품이 없기 때문에
분명히 아는 것 있을 수 없나니
이와같이 모든 법 이해한다면
마침내는 이해할 바 없게 되리라

271 진리를 구할 필요는 없고
오직 소견을 쉬어야 할 뿐이다

272 이 법은 사량분별로써 이해할 수 있는
것이 아니다

273 온갖 법은 모두 자성이 없어서
생김도 없고 소멸도 없으며
본래 고요하여 자성은 열반이다

274 마치 허공 중에는 손이 닿거나 거리끼는
것이 없는 것 같이 모든 사람의 법은 이렇게
해야한다

275 법에 맡겨 시행하되 스스로
능(마음의 경계) 소(일체 대상의 경계)를
없애고 인연따라 움직이며 고요하되
유와 무를 무너트리지 아니하면
대 총지를 갖추어서 마지막에는
허물이 없으리라

276 모든 부처의 아뇩다라삼먁삼보리는
이 하나의 이치일 뿐이니 이른바 여읨이니라
무엇을 여의느냐 하면
모든 욕심과 모든 소견을 여의는 것이니
욕심이란 곧 무명이요
소견이란 곧 잊지 않고 생각함이다
왜냐하면 모든법은 잊지 않고
생각함을 근본으로 삼나니
온갖 생각들은 곧 소견이 되며

소견은 곧 이것이 삿된 것이니라
277 이 글은 팔만대장경의 핵심요지만 간추린
근간이며
호법보살의 유식론 10권에서 나왔고
이 논은 천친보살의 유식30송의
글을 해석 한 것이며
자은 대사가 이 송의 글에 대한 소를 지어
논을 해석했다
호법보살은 내가 죽은 뒤에 와서 보는
이가 있으면
곧 금 한 냥을 받되 기꺼이
뛰어난 이를 만나면
전파하고 유통하게 해야한다 하시며
대장경의 요지 법문인 종경을
세상에 널리 전하여
많은 이들이 생의 고뇌에서 대해탈케하며
세상에 진리의 횃불로써
영원 무궁토록하라 하셨다

278 온갖 법은 식이 있을 뿐이다
   온갖 것은 식으로 근본을 삼는다
279 미친 성품이 스스로 쉬면
   쉰 것이 보리의 뛰어난 밝고
   깨끗한 마음으로써
   그것은 본래 법계에 두루 있었던 것으로써
   어떤 사람에게서 얻은 것이 아니다
280 진여는 바로 성품이요
   제8식은 바로 모양인지라
   성품과 모양이 서로 여의지 않아서
   만일 훈습이 모양에 붙을 적에는
   겸하여 훈습은 성품에 붙기도 하고
   혹은 모양을 꺼잡아 성품에 돌아가기도 한다
   진여가 훈습을 받는 것은 금으로 가락지를
   만드는 것과 같다
281 만일 근원으로 돌아가
   허망을 돌이켜 진실에 명합하려면
   한 생각도 내지 않고

앞뒤의 끝이 끊어질 뿐이다
분별하는 마음이 없어지면
윤회의 업이 없어지고
뿌리가 다하고 가지가 마르면
원인이 공해지고 결과가 없어지리니
비롯함이 없는 뜻의 티끌과
식의 때가 생각따라 온전히 소멸되고
본래의 부처눈과 항상하는
진리가 단박 나타나느니라
282 망성을 추구해보면 없는 것을
어찌 진인들 있겠는가
진망 어느 것도 얻을 것이 없는 줄 알면
얻을 바 없는 것을 안 것도
이 경계에 이르러서는
화로 위에 한 점의 눈과 같을 것이다
283 집착하는 바가 없기 때문에 마음이 산뜻하여
어떤 것에도 구속받지 않을 것이다
다만 스스로 시간 가운데 서서히 돌이켜 보고

빈틈없이 보호해 조금도 머무르게 하지 말라
머무름이 없는 곳은 과거와
미래와 현재를 떠나
법 그대로 천진하여서
어떤 조작에 의한 것이 아니오
다시 조금도 모자람이 없는데
무엇하러 다시 보충하겠는가
284 더러움에 물들지 않는 것으로써 무념을 닦아
돈오점수에 근원을 삼고
생각이 없어 일을 성취시키는 것을
한꺼번에 갖추는 것으로 돈수를 삼았으니
285 제 마음이 부처의 마음이고
제 성품이 법의 성품인줄 알라
성품을 보아 부처가 된다
286 악행인도 오히려 인연을 만나 개발하거든
하물며 선행범부는 전생의 선근을
측량키 어렵거늘
어찌 스스로 가볍게 여겨 퇴굴심을 낼 것인가

287 제 성품이 본래 깨끗하다
　　제 성품이 해탈을 결정해 가진 뒤에
　　모든 반연을 헤쳐없애고 오로지 보림하면
　　번뇌를 떠난 청정과 업을 떠난 해탈을
　　자연히 성취할 수 있을 것이다
288 이치에 철저하지 못하면
　　어찌 닦음에 밝겠는가
289 번뇌의 성품이 공하다
　　비록 공하기는 하나 업을 받게 하고
　　업의과는 성품이 없으나
　　또한 괴로움의 원인을 지으며
　　고통이 비록 비어 있으나
　　매우 참기 어렵다
　　고로 말과 행이 서로 어긋나면
　　허와 실을 가히 경험할 것이다
290 근기가 뛰어난 사람이란
　　마음의 성품이 본래 깨끗한 것과
　　번뇌가 본래 공한 것을 문득 깨달으며

혹은 당장 깨닫지 못하더라도
그 오묘하고 그윽한 이치를 아는 까닭에
어묵동정에 오로지 정밀히 마음을 비춰보다가
날과 달이 오래되면 갑자기 깨닫는 사람이다
291 인욕행이 없으면 만행을 이루지 못한다
292 생각이 일어났다 사라졌다 하여도
그것을 그치게 하려 애쓸 것 없다
유유한 그대로 맡겨둘 것이니
언제 일었다 멸했다 하였던가
일어나고 멸하는 것이 모두 멸하면
대가섭이 언제나 나타날 것이다
294 모든 법이 곧 마음의 제 성품인줄 알라
295 삼계는 거짓이다 오직 마음이 지은 것이다
마음을 여의면 곧 육진 경계가 없다
그러므로 모든 법이 거울 앞에 그림자 같다
296 적멸이라 한 것은 한마음을 말한 것이다
297 일체는 마음 아닌 것이 없다
298 큰 도는 마음을 근본으로 하고

마음의 법은 무주를 근본으로 한다
주한 바 없는 마음의 본체
299 모양에 훈습하여도 성품에는 훈습하지 않나니
마치 불이 세계를 태워도 허공은 태우지
못하는 것과 같다
300 무명의 물든 법은 실로 깨끗한 업이 없으나
진여로 훈습하기 때문에 깨끗한 작용이
있다고 설명한다
301 믿는 마음에 있을 뿐 따로 방편은 없다
이것이 도에 들어가는 근원이요
공덕의 어머니이기 때문이다
302 번뇌의 본성을 깨달았기 때문에
습기를 다스리되 습기는 나도 나는 것이 없고
능히 다스리는 행을 행하여도 행함이 없어서
능소를 모두 떠났으며 인연을 따라도
짓는 바가 없는 것
이것이 진짜 수도이다
303 본래 성품이 청정함을 믿으며

온갖 경계가 마음뿐이요
동요는 마침내 없음을 안다
이렇게 사실대로 알기 때문에
멀리 여의는 법을 닦고
갖가지 모든 수순하는 행을 일으키며
분별한 바도 없고 취착한 바도 없으면서
한량없는 아승지 등을 지나며
익히는 힘 때문에
무명이 소멸되고 무명이 소멸되기 때문에
마음 모양은 일어나지 아니하며
마음이 일어나지 않기 때문에
경계는 소멸되고 이렇게 온갖 물듦의 인과
물듦의 연과 물듦의 경계모양이
도무지 소멸되는 것을 열반이라 하나니
비록 그렇게 훈습한다 하더라도 물들면서
물들지 아니하며 비록 훈습하거나 변화하지
않는다 하더라도
물들지 않으면서 물이 드나니

불가사의한 훈습이라 하고
문구로써는 설명할 수 없기 때문에
불가사의한 변화라 한다
304 성품은 신령하게 통하여 자재하게 비추며
자재하되 방소없이 하나니
무정한 물건과 같이 여기지 말라
불성 이것은 생기있는 물건이니
우뚝이 앉아 앎이 없이 하지 말라
다만 심량이 없이 갖가지를 행하되
마치 눈어리와 같고 허깨비와 같이
하기만 하면 마치 기관을 붙인 나무사람이
마침내 심량이 없으므로
온갖 처소에 매인 데가 없고 집착없으며
구한 바가 없고
온갖 때안에서 다시는 한 가지의 법도
얻을 만한 것이 없는 것과 같이 되리라
결국 일승으로 나아가 부처되는 법
이 외에 다른 방법은 없다

🪷 황벽 선사(수행의 요긴한 비결)

1 도를 배우는 사람이 요긴한 비결을 알고자 하면
　마음 위에다 한 물건도 부치지 마라
　본래 번뇌가 없거늘 어찌 보리가 있으랴
　법이 빠지는 곳이 있으니 있음의 경지에
　빠지는 것이다
　다만 온갖 법에 대하여 있다는 소견만 짓지
　않으면 법을 보는 것이다
　법은 말할 수 없는 법이요 부처는 취할 수
　없는 부처이니
　그것은 근본 청정한 마음이다
　만일 경계를 없애려 하면 마음을 잊어라
　마음을 잊으면 경계가 공하고 경계가 공하면
　마음이 사라진다
　마음을 잊지 않고 경계를 제하려 하면 경계
　는 제할 수 없고 어지러움만 더할 뿐이다
　그러므로 만법이 오직 마음이라 하거니

마음도 얻을 수 없거늘 무엇을 구하리요
부처님께서는 내가 보리의 법에서 실제로 얻은 바
법이 없다 하셨으니 그저 잠자코 계합해야 한다
담연히 원적하고 마음과 경계가 한결같은
것임을 관찰하라
털끝만큼도 향해 나가려는 생각을 내지 마라
마음이 경계를 막고 이치가 현실을 막는
것임을 모른다
마음을 공하게 하면 경계는 스스로 공하고
이치를 고요하게 하면 현실은 저절로 고요해진다
마음을 비우지 못하는 것은 자기의 마음이 본래
공한 줄 모르기 때문이다
어리석은 사람은 현실만을 제하고
마음을 제하지 않지만
지혜로운 사람은 마음을 제하고
현실을 제하지 않는다
보살은 마음이 허공과 같아서
온갖 것을 모두 버리었으므로

지은 바 복덕에 전혀 탐내지 않는다
버림에는 세 가지가 있으니 안팎의 몸과 마음을
온통 다 버리어서 마치 허공에 집착할 수
없는 것 같이 되고
그런 뒤에 방소에 따라 사물에 응하되
능동과 피동을 모두 잊으면
이것을 큰 버림이라 하고
그러므로 보살은 마음이 허공과 같아서
온갖 것을 모두 다 버려야 한다
2 도를 배우는 사람들이 당장에
무심이 되지 못하면
여러 겁을 수행하여도 도를 이루지 못하고
삼승의 수행에 끄달리어 해탈하지 못한다
어떤 이는 한 생각에 무심을 얻는 이도 있으며
어떤 이는 십지에 이르러 무심을 얻는 이도 있다
한 생각에 얻는 이와 십지에 이르러
얻는 이의 공덕은 가지런하여 조금도 깊고
얕음이 없건만 여러 겁을 지나면서 헛수고를

할 뿐이다

악과 선을 짓는 것이 모두가

형상에 집착하여 악을 지으면

수고로운 헤매임에 빠지고

형상에 집착하여 선을 지으면

헛되이 고통을 받는다

모두가 한마디 법문에 근본법을

깨닫는 것만 못하다

3 무심이라는 것은 온갖 마음이 없다는 뜻이다

마음 스스로가 무심이요

무심이라 할 이도 없다

4 근본 부처자리에는 진실로 한 물건도 없다

5 부처님께서 설하신 일체의 법은

일체의 마음을 제함이나

나는 일체의 마음이 없으니

어찌 일체의 법을 쓰리요

6 보고 듣고 아는 자리에서 본래의 마음을

알기만 하라

그러나 본래의 마음은 보고 듣고
아는 곳에 있지 않고
그들을 여의지도 않았다
다만 보고 듣고 아는 위에서
알음알이를 일으키지 말고
그들 위에서 마음을 찾지도 말고
그들을 버리고 법을 취하지도 말라
그대로도 아니고 여의지도 않고 머물지도 않고
집착하지도 않고 가로세로에 자재하면
도량 아닌 곳이 없다

7 만법이 남이 없고 마음이 환화와 같으며
다시 한 티끌 한 법도 없어서
곳곳마다 청정함을 통달하면 이것이 부처니라
얻는 자는 문득 얻어서 시절을 지내지 않고
닦을 것도 없고 증득할 것도 없으며
얻을 것도 없고 잃을 것도 없어서
일체 시중에 별 법이 없느니라
설사 한법이 이에 지나는 자가 있을지라도

나는 꿈과 같고 환화와 같다고 설한다
모든 만법이 생함이 없고
마음은 환화와 같아서
본래 없는 줄 깨달으면
다시는 한 법 한 티끌도 없고
어느 곳에서든지 청정한 것이다
이것이 참 부처이다

8 참부처는 형상이 없고
참도는 체가 없으며
참법은 상이 없는지라
혜가는 달마대사의 한말에 바로 깨닫고
비로소 지금까지 헛되게 공부에 애썼음을
알게 되었다
마음은 마음 없음이며 얻음은 얻음 없음이다
당하에 일이 없음을
바야흐로 법을 얻음이라 이름하느니라

9 오직 한마음 뿐이요
다시 털끝 만큼도 얻을 만한 것이

없는 것이 부처이지만
부처로써 부처를 찾으며
마음으로써 마음을 잡으려 하나
망상분별을 쉬면 부처가 저절로
나타날 줄을 모른다
중생들이 형상에 집착하여
밖으로 구하므로 더욱 잃을 뿐이다

⚘ 지공 선사

1 번뇌를 끊고 보리를 얻는 것이 아니고
  바로 번뇌를 깨달아 보리가 되는 것이니
  이것이 진짜 닦고 끊는 것이다
  번뇌의 성품이 본래 공한 까닭에
  번뇌를 깨달아 보리가 된다
2 성문은 시끄러움을 피하고 고요함을 구하니
  마치 가루를 버리고 떡을 찾는 것 같네
  떡은 원래 가루에서 생겼는 데

사람의 손에 따라 백 가지로 변했다
번뇌가 그대로 보리이니
마음이 없으면 경계도 없다
생사가 열반과 다르지 않으니
탐진치가 아지랑이나 그림자 같다
지혜로운 이는 부처를 구할 맘 없건만
어리석은 이는 삿됨과 바름을 집착한다

3 중생은 수도 할 줄 몰라서
번뇌를 끊어 버리려 한다
번뇌는 본래 공적한 것이거늘
도를 가지고 다시 도를 찾는가
한생각 그대로가 옳거늘
어찌 다른 곳에서 찾으려 하는가
큰도는 그저 눈앞에 있거늘
미혹하고 뒤바뀐 사람은 알지 못한다
불성은 천진하고 자연스러우며
인연도 없고 닦아 지을 것도 없다
삼독이 헛되이 거짓됨을 모르고

떴다 잠겼다 하는 생사를 집착하네
옛날 미혹했을 때는 늦었다 했는데
오늘 깨닫고 보니 이르지 않다
4 한법도 얻을 것이 없으면 깜짝사이에
저절로 남음이 없는 도에 든다
5 부처와 중생은 한 동류이니
중생이 그대로 세존이시다
범부는 허망하게 분별을 내어
없는 가운데 있다고 집착을 하여
어지럽게 설친다
탐욕과 성냄이 공한 줄 알면
어디가 참 법문이 아니겠는가
6 법신이 자재하여 방위가 없으니
눈에 띄는 것 정각 아님이 없다
육진이 본래 공적하거늘
범부는 허망하게 집착을 낸다
열반과 생사가 평등하거늘
사회에서 누구에게 후박을 가리랴

무위의 대도는 자연한 것이니
마음으로 헤아릴 필요가 없다
보살은 하는 일 언제나 묘각을 머금지만
성문은 법에 집착해 좌선을 하니
누에가 실을 토해 스스로를 결박하듯 하네
법성은 본래 두루해 밝으니
병을 고친 뒤에 무엇하러 다시 약을 쓰랴
모든 법이 평등한 줄 알면
홀연히 거뜬하고 상쾌하리라

7 경계를 대하여 마음이 일어나지 않으면
발끝을 두는 곳마다 도량이리라
부처와 중생이 둘이 아니건만
중생이 멋대로 한계를 긋는다
만일 삼독을 제하고자 하면
아득하여 재앙을 여의지 못한다

8 오욕과 탐진치가 부처요
지옥과 천당이 다름이 없다
미륵이 몸안에 저절로 있거늘

범부는 허망을 버리고 도를 찾는다
9 미혹할 땐 공을 물질로 여기고
깨달을 땐 물질을 공으로 안다
미혹과 깨달음은 본래 차별이 없고
물질과 공은 도리어 같은 것이다
어리석은 사람은 남북을 따지나
지자는 동서 없음을 안다
여래의 묘한 진리를 찾고자 하는가
항상 한생각 속에 있다
아지랑이 본래 물이 아니거늘
목마른 노루는 공연히 설친다
자기의 몸이 거짓되어 진실치 않거늘
허공을 가지고 다시 허공을 찾는다
세인의 미혹은 매우 심한 것이어서
개가 우뢰속에 컹컹 짓는 듯하다
10 선사는 무명을 여의었음을 체득했거니
번뇌가 어디에서 일어나랴
지옥과 천당은 한 모습이요

열반과 생사는 헛이름뿐이다
탐진치를 끊을 것도 없고
불도를 이룰 것도 없다
중생과 부처는 평등하니
자연히 거룩한 도가 새록새록하다
여섯 티끌에 물들지 않고
구절마다 홀로 무생에 계합한다
바른 깨달음을 현묘하게 한생각에 알면
삼세가 탄탄하여 모두가 평등하리

🪷 나옹 선사

1 형상도 없으면서 형상을 나타냄이여
  경계와 마음이 둘이 아닌데
  경계와 마음을 나타낸다
  그러므로 경계가 고요하고 마음이 비면
  환화처럼 텅빈데서 묘함이 절로 밝네
2 놓아버리면 허공도 옷 안에 드는데

허공은 안도 없고 또 바깥도 없네

3 다만 일에 있어서 일 없음을 깨달으면
소리와 빛깔 속에서 본자리에 편안하다

4 마음이라고 함이여 본래 마음이 없는데
경계가 있으면 마음도 그에 따라
본래 마음이 있다가 경계가 고요해지면
마음도 그에 따라 사라지니
본래 그것은 마음도 아니요 경계도 아니다

5 성품은 허공같아 일정한 장소 없고
형상도 없거니와 이름도 또한 없네

6 참마음은 본래부터 빈 것임을 깨달으면
어디로 오가든지 다니는 자취 없으리라
자취없는 그 자리를 확실히 알면
땅을 뒤엎고 하늘을 뒤엎어 바른눈이 열리리라

7 원래 텅 비어 한 물건도 없는데
사람들은 밖을 향해 부질없이 허덕이네

8 몸과 마음이 본래 빈 것임을 분명히 알면
어디서나 가풍 떨치기 무엇이 방해되리

9 무상의 열반은 모든 것에 통하여
   분별하는 이 세상을 떠나지 않았으니
   분별하는 거기서 분별하는 생각 없으면
   길고 짧거나 푸르고 누르름이
   고풍을 드날리리

🪷 임제 선사

1 한생각의 번뇌가 허공과 같이
   의지할 곳이 없는데
   바로 도달하라 의지함이 없는 것을 깨달으면
   부처도 또한 얻을 것이 없다
2 자유자재 하기를 원하거든
   이 법문을 듣는 사람이
   형상도 없고 근본도 없고 머무는 곳도 없어서
   활활발발하고 자유자재하게 활동하는 것을
   지금 당장 알아 차려라
   여러 가지 모든 경계는 작용하되

그 자취가 없는 것이다
그러므로 찾으려고 하면 더욱 멀어지고
구하려고 하면 더욱 틀려 버린다
이것을 비밀이라 하는 것이다
3 도처에 돌아다니지만 아무것도 없어서
다만 텅빈 이름뿐이라고 보는 것
지혜의 칼이 나옴에 한물건도 없다
4 평상심이 도이다
아무 조작없이 평상한 마음이 도이다
마음이 없어 지음이 없는 것이 청정이다
이것은 닦을 수 있는 물건이 아니다
5 생각 생각에 더 얻으려는
마음을 쉬기만 하면
조사와 다르지 않을 것이다
6 오온의 몸안에 자취없는 참사람이
당당하게 들어나서
털끝만큼도 숨김이 없거늘
왜 모르는가

🪷 포대 화상, 쌍림 부대사

1 무심이라야 생사를 놓아버리게 된다
　생사에서 무심한 것이 반야선이다
　무심이 참 해탈이다
　아무것도 지음이 없는 것이 무심이다
　무심이 곧 계를 지니는 것이며
　무심이 곧 인욕바라밀이며
　무심이 곧 정진 선정 지혜바라밀이다
2 스스로의 마음을 스스로 관찰하라
　부처는 안에 있는 것이니 밖을 향해 찾지 마라
　마음 그대로가 부처요 부처 그대로가 마음이니
　마음이 밝으면 부처를 알고
　식심을 환히 알게 된다

🪷 달마 대사

1 만일 근본 성품을 보았거든

경을 읽거나 염불을 할 필요가 없나니
많이 배우고 널리 아는 것이
별 이익이 되지 못하고
도리어 정신이 어두워지느니라
교법을 만들어 놓은 뜻은
마음을 표방하기 위한 것인데
마음을 알면 교법을 볼 필요가 없다

2 깨달은 사람은 한가한 사람이라
어찌 분주히 애쓸 필요가 있으리요

3 성품을 보라고만 말했을 뿐
업을 짓는 것은 말하지 않았으니
설사 업을 짓더라도 미혹한 사람과는 달라서
온갖 업이 그를 구속하지 못한다
근본 성품을 깨달으면
끝내 업을 짓지 않으리라

4 부처의 성품이란 밖에서 얻는 것이 아니니
마음이 생길 때가 곧 죄가 생기는 때니라

5 성냄과 기뻐함의 성품이 공한 줄 알아서

집착하지만 않으면 곧 업력을 벗어난다

6 나는 본래의 마음을 찾을뿐
부처를 구한 적 없나니
삼계의 모든 것 공하여
아무 것도 없음을 분명히 하노라

7 이 마음은 사대(몸)를 여의지 않았다
마음으로부터 말하고 분별하고 운용하고
보고 듣고 느끼고 아는 것이
모두가 마음의 움직임이며 작용의 움직임이다
움직임이란 마음의 움직임이며
움직임 그대로가 작용이니
움직임과 작용 이외에는 마음이 없고
마음 밖에는 움직임이 없기 때문이다
움직임은 마음을 여의지 않았으나
마음에는 여읜다는 것도
여의었다는 것도 없으며
마음에는 움직인다는 것도
움직였다는 것도 없다

8 부처를 구하려거든 마음만을 구할지니
마음이란 마음 그대로가
마음 그대로의 부처로다

9 본래 내 마음 구하지만
마음은 스스로 가지고 있나니
마음을 구하려면
마음 알기를 바라지 마라

10 작용의 바탕이 본래 공한지라
공은 본래 움직임이 없기 때문이다
움직임과 작용이 다같이 마음이나
마음의 근본은 움직임이 없다
그러므로 경에 말씀하시기를
움직이되 움직이는 바가 없다 하니
종일토록 가고 오되 가고온 바가 없고
종일토록 보되 본 적이 없고
종일토록 웃되 웃은 적이 없고
종일토록 듣되 들은 적이 없고
종일토록 알되 안 적이 없고

종일토록 기뻐하되 기뻐한 적이 없고
종일토록 다니되 다닌 적이 없고
종일토록 멈추되 멈춘 적이 없느니라

🪷 육조 혜능 대사

1 행여 조촐함을 관찰하거나
마음을 비우려 하지 말라
이 마음은 본래부터 청정하여
취하거나 버릴 것이 없다
온갖 일에 무심하면 자성의 계며
몸이 왕래하건 그대로가 삼매이다
밖으로 구하지 마라 부처와 다르지 않다
생각이 없어지면 생각이 바르고
생각이 남았으면 삿됨을 이루나니
있음 없음을 계교치 않으면
영원히 백우거 타리라
만일 움직이는 가운데 감정을 두지 않으면

번거로히 움직여도 영원히 나가 정에 있다
2 만일 종지를 성취코자 하거든
일상 삼매와 일행 삼매를 통달하라
온갖 곳에서 형상에 머무르지 말고
그 형상에 대하여 밉다 곱다 하는
생각을 내지 않으며
취하고 버리는 생각도 내지 않으며
이로움과 이룸과 무너트리는 따위도
생각지 않고
한가히 고요히 담박히 하면 이것이 일상삼매요
온갖 곳에서 다니고 멈추고 앉고
누움에 순일하고
곧은 마음으로 도량을 움직이지 않으면
참으로 정토를 이루나니
이를 일행 삼매라 한다
어떤 사람이 이 두 삼매를 갖추면
땅에 있는 종자가 자라서
열매를 맺을 힘을 갈무리 한 것과 같나니

나의 가르침을 받드는 이는
결정코 보리를 얻을 것이요
나를 의지해서 행하는 이는 반드시
묘과를 얻을 것이다

☸ 마조 선사

1 여기 나에게는 아무 것도 없다
  무슨 불법을 구하느냐
  마음에서 생긴 것을 물질이라 하는데
  물질이 공함을 알기 때문에 생기는 것은
  생기는 것이 아니다
2 제각기 마음이 부처임을 믿어라
  법을 구하는 이는 구하는 바가 없어야 한다
  선을 취하지도 말고 악을 버리지도 말고
  더럽고 깨끗한 두쪽에 의지하지 않으면
  죄의 성품이 공하여
  생각 생각에 얻을 수 없음을 통달하리라

제 성품이 없으므로 삼계는 오직 마음뿐이요
삼라만상은 모두가 마음이 찍어낸 바이다
눈에 보이는 물체는 모두가 마음이지만
마음 스스로가 마음이 될 수 없으므로
물질을 인하여 존재한다

3 마음과 경계를 깨달으면 망상이 생기지 않으며
망상이 나지 않는 그 자리가 바로 무생법인이다
무생법인은 본래부터 있었고 지금도 있어서
도를 닦고 좌선할 필요가 없으니
닦을 것도 없고 좌선할 것도 없는
이것이 바로 여래의 청정선이다

4 도는 닦아 익힐 필요가 없다
오직 더러움에 물들지 않으면 된다
마음이 생과 죽음 행동을 꾀하는 것에
물들어 있다면 그것이 바로 더러움이다
도를 이루고 싶은 마음이 있는가
평상시의 이 마음이 바로 도이다
평상심은 일부러 짐짓 꾸미지도 않고

옳고 그르고 취하고 버리는
분별에 얽매이지 않고
법성을 구분짓지도 않으며
행주좌와 일상적인 행동들 상황에 따라
움직이는 이 모든 것이 도인 것이다

🪷 서산 대사(휴정)

1 깨친 사람은 그 마음을 스스로 깨끗이 할 뿐이다
살 도 음 망 하는 것이 다 한마음에서 일어나
는 것임을 자세히 관하라
일어나는 그 당체가 곧 비어 없는데
무엇을 다시 끊으리요
2 가히 우습다 소탄자여
소를 타고 소를 찾는구나
장래 그림자 없는 나무가 되면
물 가운데 거품은 녹아 다하리라
『서산대사의 제자 소요선사는 이 글을 보고

『활연대오하다』

3 보살은 성품이 본래 비고 고요하므로
자취가 없고 지극히 맑고 고요하여
마음과 경계가 하나인 것이다
지옥을 보더라도 두려운 마음이 없어야 한다
다만 스스로 무심하면 법계와 같이 될 것이니
이것이 바로 요긴한 대목이다

✿ 용담 숭신 선사

성품에 맡겨 소요하고
인연따라 지나노라 다만 범정이 다할뿐
기특한 마음 따로 없다

✿ 남전 보원 선사

도란 지(앎)에도 속하지 않고
부지에도 속하지 않나니

지라는 것은 망각이요 부지라는 것은 무기이다
만일 의심이 없는 도에 참으로 달할 것 같으면
허공과 같이 활달하여 넓고 넓어서
어찌 옳다 그르다 시비 하겠는가
『조주선사 언하대오하다』

🪷 라마나 마하리쉬

가장 훌륭한 수행자란
자기 자신을 진아에 완전히
던져버리는 사람이다
짐이 되는 것은 모두 진아에 맡겨라
그가 모든 것을 책임질 것이다
지고한 실체의 힘이 모든 것을
관장하고 있는데
왜 우리들은 모든 것을
그에게 맡기지 못하고
망설이고 있는가

✿ 백장 선사

1 그대들 모든 반연을 쉬고 만 가지 일을 쉬며
착하거나 악한 일과 세간과 세간 밖의 온갖
법을 기억하거나 생각하지 말라
몸과 마음을 탁 놓아서 자유롭게 하고
마음은 목석과 같이 하여 아무런
분별이 없게 하고
마음이 행하는 바가 없어
마음의 바탕이 허공과 같이 되면
지혜의 해가 자연히 나타남이
마치 구름이 흩어지면 해가 드러남과 같으리라
분별이 모두 쉬고 온갖 반연과 탐욕 성냄과
애욕과 온갖 망정이 다하면 육욕이나 팔풍을
대하여도 보고 듣고 깨닫는 분별에 끄달리지
않고 모든 경계에 홀리지도 않아
자연히 신통묘용이 구족하리라
구하면 이치에 어긋나고 구할 것 없는

이치는 구하면 구할수록 잃어진다
만일 구할 것이 없는 것을 취하면
도리어 구할 것이 있는 것과 같게 되니
이 법은 진실함도 허망함도 없다

2 만일 일생동안 마음을 목석과 같이 하면
오온 18계 오욕 팔풍에 끄달리지 않게 돼서
생사의 원인이 끊어지고 속박 없는 몸으로
속박을 풀어주는 사람이 되리라
부처도 구하지 않고
알음알이도 구하지 않아
더럽고 깨끗한 망정이 다하고
이것을 지키지도 않아서
구할 것도 위하는 것도 모두 없으며
번뇌가 다한 곳에 머무르지도 않고
지옥의 속박을 두려워하지도 않아
천당의 쾌락을 사랑하지도 아니하고
온갖 법에 구애되지 아니하면
비로소 해탈이라 한다

🪷 진묵 대사

하늘을 이불 삼고 땅은 자리삼아
청산은 베개이고 밝은 달 촛불이네
구름은 병풍이요 대해는 술통하여
마음껏 취하여 건연히 일어나 춤을 추니
긴소매 도포자락이 곤륜산에 걸릴까 저허하노라
『곤륜산 : 중국에서 제일 큰 산』

🪷 혜사 선사

병은 업에서 나고 업은 마음에서 나는데
마음의 근원은 일어나는 것이 없거늘
바깥경계가 어떻게 존재하랴
병과 업과 몸이 그림자와 같다 이렇게 관찰하니
뒤바뀐 생각이 사라지고 전과 같이 치병된다
도의 근원은 멀지 않고
성품의 바다는 먼 곳에 있지 않다

다만 자기를 향해 구할지언정
딴 곳에서 찾지 마라
찾으면 얻지 못할 것이요
얻는다 하여도 참되지 못하다
허공을 가득 메웠다 하더라도
볼려면 티끌만큼도 볼 수 없다네

❀ 대적 도일 선사

도는 수행이 필요치 않으니 더럽히지만 마라
생사의 마음을 가지고 나아가려하면
더럽히는 일이다
만일 그 도를 당장이라도 알고자 하면
평상심이 도이다
평상심은 조작이 없고 시비취사
단상과 범성이 없다
행주좌와에 사람을 대하고
사물에 응하는 것이 도이다

만법은 모두가 심이 종이며
심은 만법의 근본이다
온갖 법은 모두가 불법이요
모든 법은 해탈이니 해탈이란 진여이다
모든 법은 진여에서 벗어나지 않나니
행주좌와가 모두 부사의한 작용이다
시절을 기다릴 필요가 없다
마음과 경계를 깨달으면
망상이 나지 않나니
그것을 무생법인이라 한다
닦지 않고 앉지 않는 것을 여래의 청정선이라 한다
지금이라도 누군가가 이치의 진정함을 보아서
온갖 업을 짓지 않고 분수를 따라 생애를 보내되
바루 하나 옷 한 벌을
앉고 서는 동작에서 놓지 않으면
계행이 차츰 밝아지고 청정한 법이 늘어나리니
이렇게 한다면 어찌
통하지 못할까 걱정하리요

☸ 방 거사

앉았기만 하지 마라
곧바로 참됨을 구하는 것만 못하다
금강반야의 성품이 겉으로는
가는 티끌 하나 없나니
내가 듣고 받들어 믿는 바로는
모두가 거짓 이름 벌려논 것일세
온갖 있는 것을 비우기를 소원할 지언정
없는 것을 채우지는 말아야 한다
세간은 모두가 메아리와 그림자 같다

☸ 양보지 선사

대도는 수행으로 얻는 것 아닌데
수행을 말함은 범부를 위한 방편일세
이치를 깨닫고 수행을 돌이켜 살피면
비로소 헛수고를 한 줄 알리라

광채를 돌이켜 근원으로 돌아가면
전혀 없는 것을 뉘라서 이 말을 알아 들으랴

🪷 대주 혜해 선사

1 스스로 일시에 쉬어 버리기만 하라
  만일 바깥 경계에 따르지만 않으면
  바람인 마음과 성품인 물이
  항상 스스로 맑아지리라
  무사 안녕하라
2 만일 빛과 소리를 따라 생각을 내지 않고
  형상과 모양을 따라 알음알이를 내지 않으면
  자연히 일 없는 사람이다
3 성품이 본래 청정하여 닦아서
  이룰 필요가 없나니
  수행이 있고 증득함이 있다면
  뛰어난 체 하는 사람이다
4 사람들의 망정을 깨트리기 위하여

물질과 마음이 공하다고 말하여
성품을 보게 한다

5 본체와 작용이 둘이 아니고
근본과 자취가 둘이 아니다

6 본 성품은 부사의 해탈이다

7 성품을 가지고 성품을 찾으니
만겁을 지나도 찾을 수 없네

8 마음이 허환하니 또한 온갖 것이 허환하다

9 중생의 마음을 버릴 필요가 없이
오직 더럽히지만 마라
법신은 형상이 없으되
사물에 따라 형상이 나타나는데 비유할 수 있다
그러므로 세간을 여의고 해탈을 구하지 않는다

10 여러분은 다행하게 일 없기를
좋아하는 사람들이다
그대들 스스로의 보배가 구족해서
자유롭게 사용할 수 있으니 밖에서 구하지 마라
한 법도 취하거나 버릴 것이 없고

생멸하는 형상도 볼 수 없고
왕래의 형상도 볼 수 없고
시방세계 한 티끌 만큼도
자기 보배 아님이 없다
다만 자기의 마음을 자세히 관찰하기만 하라
일체 삼보가 항상 나타나리니
의심말고 찾지 말고 구하지마라
본성이 청정이기 때문이다

🪷 보계 화상

1 무명은 본래 석가의 몸이다
  앉고 누움이 본래 도인줄 모르고
  그토록 분주하게 고통만을 받는구나
  소리와 빛을 따라 친소를 따지면
  오직 그에게 더럽혀진 사람일 뿐이다
  마음을 써서 불도를 구하려 하면
  허공에 물어보아야 티끌을 벗어나리라

2 항상 여의주를 들고 있다는 사실을
  믿지 않는구나
3 한생각을 일으키면
  벌써 악마의 홀림을 받았다
4 용맹 정진이 게으름으로 바뀐다
  털끝 만큼도 닦아 배우려는 마음을
  내지 않아도
  형상없는 광명 속에 항상 자유롭다

🪷 조주 선사

1 한생각이 나지 않으면 만법이 허물이 없다
2 어떤 것이 영원 불괴신입니까
  사대와 오음이니라

🪷 혜충 선사

스스로가 밝히면 경계와 사려가 나지 않고

지음이 없으면 반연이 저절로 쉰다
밖으로 구하지 마라 지음이 없어야 한다

🪷 남악 유경 선사

1 움직이고 고요함이 원래 하나의 참다움이다
2 허깨비 성품이 아지랑이 같음을 안다면
  허공꽃 의식 물결이 다시 원만해진다
  허공에서 뜬구름이 흩어지면
  허공이 본래 청정한 줄 알리라

🪷 용아 선사

지금 당장 부처가 되고자 하는가
무념이 된 사람은 그다지 많지 않다
사람이 도를 배우려 하면 탐하지 마라
무심하면 도와 합친다
도를 배우려면 무심을 찾아라

자취가 있으면 소가 있을 것이요
무심이 되면 도를 얻기 쉽다

🪷 법륭 선사

1 심성은 나지 않거늘 어찌 나거나 보려하며
   본래 한법도 없거늘 누가 닦아 익힘을 말하랴
   가고 옴이 까닭없으니 뒤쫓아도 보이지 않고
   온갖 것 하지 않으면 밝음이 저절로 나타난다
2 마음이 깨끗하려면 무심히 공부를 지으라
   법을 아나 아는 것이 없나니
   아는 것이 없어야 요긴함을 아는 것이다
3 신령스럽게 사물에 응하여 항상 눈앞에 있다
4 성품이 공하여 저절로 여의었으니
   성품에 맡겨 떴다 잠겼다 한다
5 보리는 본래부터 있으니 지킬 필요가 없고
   번뇌는 본래 없으니 없앨 필요가 없다
6 온갖 유위법은 본래 조작이 없으니

마음이 마음 아닌 줄 알면
병도 약도 없나니
본래 취할 것이 없거늘
이젠들 버릴 것이 있으랴

7 마음이 적멸하여야
경계가 여여하여서
버리지도 구하지도 않게 된다

8 마음을 써서 움직임을 그치게 하면
그칠수록 더욱 분주해진다

9 마음으로 궁구할 바 아니니
바른 깨달음은 깨달음 없고
참된 공은 공이 아니다
어디에도 마음 둘 곳이 없다면
비고 밝음이 저절로 드러나나니
고요하고 고요하여 나지 않으면
거침없이 자유자재하고
온갖 반연을 다 잊으면
몸과 마음이 안정되나니

⚜ 남악 나찬 선사

1 묘한 성품과 마음의 자리가
어찌 수련의 영향을 받으랴
마음은 일없는 마음이다

2 취하면 얻지 못하고
취하지 않으면
저절로 얻어진다

3 본래부터 뚜렷이 이루어져서
아무런 손질을 빌리지 않는다

⚜ 진국 대사

1 구해도 얻을 수 없고
버려도 여의어지지 않는다

2 마음의 근원에 돌아가면
알음도 없고 얻음도 없고
취사가 없으면 물리칠 것도

버릴 것도 없다
3 참을 구하여 거짓을 버리면
　그림자가 싫어서 뛰는 것 같고
　그림자가 곧 참임을 깨달으면
　그늘에 머물러서 그
　림자가 없는 것 같다

🪷 무업 대사

항상 온갖 것은 공하여서
한 물건도 마음에 둘 것이 없음을 알면
그것이 부처님들이 공부하시던 경지이다
모쪼록 부지런히 수행하라

🪷 불인 요원 선사

일체 사량을 쉬고 또 쉬어갈지어다

⚘ 약산 선사

삼독이 오거든 잘 막아서 촉발되지 않게 하라

⚘ 백거이

맑음이 극에 달하면 크고 넓게 통달하리라

⚘ 배도 선사

온갖 일에 무심하여 집착치 말라

⚘ 소계 선사

만 가지 법을 마음에
품지 않을 수 있다면
비롯함이 없는 예부터
나고 죽음이 있었으랴

🪷 제안 선사

도는 닦을 필요가 없나니 그저 더럽히지만 마라
부처란 견해 보살이란 견해를 짓지 마라
평상의 마음이 곧 도이니라

🪷 신찬 선사

1 빈 구멍을 즐겨 찾지 못하여
   창에 부딪쳐 떨어지는 어리석은 놈아
   백년을 고지를 뚫고자 한들
   어느 날에 벗어날 기약이 있겠느냐
2 신령스런 빛이 홀로 드러나
   육근 육진의 경계를 벗어나 있도다
   드러난 참 모습이여 문자에 구애함이 없어라
   참된 성품은 물듦이 없어
   본래 스스로 원만히 이루어졌으니
   단지 만연된 생각만 여의면 여여한 부처니라

🪷 백운 화상

1 삼계의 모든 법은 의식의 변화라고
  나는 말하리
  생각의 본체가 본래 공한 것이니
  그 변화가 어찌 진실이 있겠는가

2 만일 앞의 경계를 버리려거든
  먼저 그대들 마음을 버려라
  마음이 억지로 이름을 짓지 않으면
  경계의 물건이 무엇 좇아 일어나리

3 진실을 보아도 본체가 없고
  허망을 궁구해도 자취가 없다
  마침내 진망은 다름이 없어
  평등하여 하나의 동일체이다

4 모든 법이 다 공임을 알았거니
  마음에 맞서는 한 법도 없네
  이것이 모든 부처의 마음쓰기이거니
  너희들은 부지런히 닦아 익혀라

5 생각을 떠난 진여 성품은
   해가 허공에 있는 것 같지만
   여섯 감관이 조금 한번 움직이면
   마치 해가 구름 속에 드는 것 같다

6 본래의 참 면목은 허공과 방불하다
   그리고 또 한 점의 눈이
   큰 화로에 떨어지듯

7 나지도 사라지지도 않는 한 물건은
   언제나 공이로다
   작용은 모두 다 대유로써
   근진의 속을 멀리 벗어났으니

8 경계에 부딪쳐도 마음이 굴음이나
   물의 뜻과 같으면 세상에 살면서도
   모두가 자유로와 아무 일 없다

9 어리석은 사람은 경계만 버리려 하면서
   마음은 버리려 하지 않고
   지혜로운 사람은 마음은 버리려 하고
   경계를 버리려 하지 않는다

마음을 버리면 경계가 저절로 고요해지고
경계가 고요해지면
마음은 저절로 움직이지 않는다
이것이 이른바 무심의 진종이니라

🪷 동안 찰 선사

1 무심을 일러서 도라 하지 말라
  무심도 오히려 한겹의 관문이 있다
2 묘한 당체는 본래 자취가 없거늘
  온몸이 어찌 다시 자취가 있으랴
  신령스런 한 물건이 뭇한 형상을 초월하여
  삼승의 경지를 훨씬 지나니 수행이 필요치 않다
3 도중에서 공왕을 섬기지 말고
  지팡이를 재촉해 고향으로 돌아가라
4 근본과 근원으로 돌아간다는 것 틀린 말일세
  본래부터 머물지 않았으니
  집이라 할 수 없네

5 명료하게 요달한 때에 요달한 바 없으니
   현묘하게 현묘한 자리도 꾸짖어 버려라
6 오온이 본래 영각이 성품이니라
7 허망을 알고 참에 돌아가면
   만 가지 생각이 공하니라

🪷 승찬 대사

1 지극한 도는 어려움이 없음이니
   다만 취하고 버리는 마음으로
   분별하는 마음을 거릴 뿐이니
   다만 좋아하고 싫어하지 않으면
   확연히 통연 명백하리라
2 몽환이요 공화인 것을
   무어라 애써 붙들려는가
   얻고 잃고 옳고 그름을
   한꺼번에 놓아버릴 지어다

🪷 대법안 묵익 선사

삼계가 마음뿐이요 만법은 의식뿐인데
마음뿐 의식뿐 눈에 소리 귀에 빛이다

🪷 ○○ 화상

마음에 아무 것도 없어야
항상 텅텅 비어야

🪷 낙보 화상 부구가

다만 거품이 물에서 나온 줄만 알았지
물이 거품에서 나온 줄은 몰랐네
거품을 내몸에다 견주어 보니
오온은 거짓으로 꾸민 허수아비 일세
오온이 공하고 거품이 진실치 않은 줄 알면
비로소 본래의 참됨을 분명히 보리라

🪷 무주 선사

유위의 법을 집착치 않으면 무위라 하고
무위의 법을 집착치 않으면 무심이라 한다
무심으로써 온갖법을 통달했을 뿐이다
경계를 보고 마음을 일으키지 않으면
나지 않는다 하고
나지 않으면 멸하지 않나니
나지 않고 멸하지 않으면
앞 경계에 속박되지 않고
바로 그 자리에서 해탈을 얻습니다
나지 않으면 무념이라 하고
무념이면 멸하지 않나니
무념이면 속박이 없고
무념이면 해탈이 됩니다
마음을 알면 무념이요
성품을 알면 해탈이 됩니다
마음의 본체는 끝끝내 얻을 수 없으며

눈에 닿는 것이 모두가 진여이어서
견성 아닌 것이 없습니다

✿ 현사 종일 선사

1 자기에게 다행이 광대한 문풍이 있거늘
  이어받지 못하고 도리어 오온으로 된
  몸속에 들어가서
  주인 노릇을 하니 꿈엔들 보겠는가
2 자세히 관찰해서 힘쓸 것이
  없는 경지에 이르면
  자연히 모든 반연이 쉬리라
3 털끝만한 법도 취하거나 버리지 마라

✿ 나한 계침 선사

1 곳곳마다 그것이거늘
  어찌 참과 거짓이라 단정하랴

2 생각지 말라 미치지 못하므로
 간택치 말라 하노라
3 그대는 금강비밀 부사의 광명장이다
 다시 누구의 힘을 빌리랴
4 마음속에 헛것을 더듬지 말라
5 어떤 것이 생멸하지 않는 법입니까
 생멸하지 않는 법은 해서 무엇하랴

🪷 성등 진각 선사

1 큰 도는 분명하여 티끌이 끊겼거늘
 어찌 오래 앉아 있어야 비로소 알랴
 인연을 따라 시비가 없음을 안다면
 시끄러운 곳에 있은들
 어찌 새로움과 옛것이 있으랴
2 홀연히 흐린 경계를 만나거든
 계속 시키지 마라
 그것이 그대의 천명이다

⚘ 문익 선사

1 길이 길이 중의 집 뜰에 섰거늘
　어찌 수고로히 높은 진리를 따로 묻느냐
　참 법규는 저절로 현묘하다
2 바로 안다면 그대로 진실이요
　모른다면 헛깨비이다
　바로 안다면 허깨비요
　모른다면 진실이기도 하다

⚘ 홍인 대사 5세시

도신대사 : 얘 네 성명이 무엇이냐
5세 홍인 : 제 성명 말입니까
　　　　　그 보다도 제게는 본성이 있는데요
　　　　　그 본성으로 말씀드리면 그 본성은
　　　　　정한 성이 없습니다
　　　　　본성이 본래 공하니 성명은 무입니다

『부처님의 대법을 이어받으신 도신대사께 어느 날
80넘은 노승이 찾아왔다 법담을 해보니 확철대오하
신 노승이었다
노승은 나에게 법을 전해달라 하니 도신대사는 나보
다도 나이가 훨씬 많은데
내가 법을 전하면 나의 법이 끊어지란 말입니까
그러니 법을 받고 싶으면 몸을 바꾸어 젊은 몸으로
오시오
그러면 법을 전해 주겠소 하자 그렇게
하겠다고 약속하고 다시 태어나 5세에도
깨달음이 전혀 매하지 않은
확철대오의 경지에 다시 도신대사를
만나 법을 받아
부처님으로부터 전해오는 법맥을 이어받은 유명하
신 5조 홍인 대사가 되셨다
그 다음 전법제자는 그 유명하신 6조 혜능 대사이다』

🪷 금강삼매경

1 마음이란 형상도 없고 얻을 수도 없음을 알면
   이는 허공 법신이다
   이 뜻을 알면 곧 증득할 것도 없음을 알 것이다
   얻을 것도 증득할 것도 없음을 알면
   곧 불법을 증득한 것이다
2 법성은 공하여 공의 성품은 생함이 없기에
   마음도 항상 생함이 없고
   공의 성품은 멸함이 없기에
   마음도 항상 멸함이 없으며
   공의 성품은 머무름이 없기에
   마음도 항상 머무름이 없고
   공의 성품은 함이 없기에
   마음도 항상 함이 없느니라
3 삼해탈도는 한결같이 자성이 없느니라
   그 자성이 없는고로 공이며
   공한 연고로 상이 없고

상이 없는 연고로 지음이 없으며
지음이 없는 연고로 구함이 없고
구함이 없는 연고로 원함이 없느니라
이러한 행업인 연고로써 마음을 깨끗하게 하고
마음을 깨끗하게 하는 연고로써
부처를 보게되며
부처를 보게 되는 연고로써
마땅히 정토에 나게 되느니라
마땅히 마음의 한상도 없이 여의어
깨끗하여 기쁘고 환희로움속에 항상하리라

4 자성이 깨달음이 있지 않음이니라
깨달음 없는 것을 깨달아 알 때에
모든 식은 근본으로 돌아가느니라

5 마음없는 마음을 알면 그쳐야 할
마음이 없으며
분별심이 없으므로 현재의식이
나지 않는 것이니라
망상은 본래 생함이 아니기에

가히 쉬어야할 망상이 없느니라

6 생각이 없는 생각을 진실한 생각이라 한다

온갖 법은 없어서 자기모양과 남의 모양과

자타의 모양도 없고 원인의 모양도 없다

짓는 모양도 없고 받는 모양도 없으며

법과 법 아닌 모양도 없고

내지는 남녀사부, 작은 티끌, 명암, 각지, 보리,

보리를 증득한 이, 업, 업주인의 번뇌,

번뇌 주인의 모양도 없느니라

선남자야

이와같이 모양들이 사라지게 되는 곳에 따라

진실한 생각이라 하느니라

선남자야

온갖 법은 모두 이는 거짓이어서

그 소멸되는 곳에 따라 이것을

진실이라 하느니라

이것을 법계라 하고 필경지라 하고

제1의 제라 하고 제1의 공이라 하느니라

7 도를 닦아 열반을 증득함은 이것이
또한 진리가 아니요
심법이 본래 고요하사
그것이 참열반인 것이다
그러므로 모든 법이 본래부터
늘 그대로 열반이라 하느니라

8 모든 부처의 아뇩다라삼먁삼보리는
이 하나의 이치일 뿐이니 여읨이니라
무엇을 여의느냐 하면
모든 욕심과 모든 소견을
여의는 것이니라
욕심이란 곧 무명이요
소견이란 곧 잊지 않고 생각함이다
왜냐하면 모든 법은 잊지 않고
생각함을 근본으로 삼나니
온갖 생각들은 곧 소견이 되며
소견은 곧 이것이 삿된 것이니라

🪷 유마경(깨달음의 가르침)

1 공을 수행하지만 일체를 공이라고 보는 것을
 깨달음으로 삼지 않으며 공이기 때문에
 상도 없고 무작이다
 상도 없고 바라는 일이 없는 것을 수행하지만
 이것을 깨달음이라고 생각하지 않으며
 깨달음의 경계를 알지만 그렇다고 길이
 깨달음의 경계에 머물지 않고
 이것이 다함 있는 것에도 다함없는 것에도
 장애를 받지 않는 깨달음의 가르침이다
2 분별이 없는 비었음이기에 비었다 한다
3 얻을 것이 없어지면 곧 반연이 없어진다
4 공하여 상이 없고 지음이 없는 가운데 있어서
 스스로 조복하면서도 그래서 피곤하게 여기거나
 싫어하지 아니함이니
 이를 방편있는 지혜의 해탈이라 한다
5 법은 행하는 곳이 없습니다

그러니 만일 법을 행한다면
이는 곧 행하는 곳이어서
법을 구함은 아닙니다
법은 취하고 버림이 없습니다
법을 구하는 자는 온갖 법에 있어서
응당 구하는 것이 없어야 한다

6 저는 아무것도 깨달은 것이 없으며
얻은 것이 없습니다
그 까닭은 얻었다든가 깨달았다고 하는 사람은
부처님의 가르침에서는
교만한 마음을 가진 사람이라고
하기 때문입니다
제가 깨달음을 얻은 것도 마찬가지입니다
왜냐하면 깨달음에는 머무를 곳이
없기 때문입니다
그러므로 깨달음을 얻은 자도 없습니다
많은 불보살도 그와 같이
집착을 버림으로써 체득했습니다

🪷 고뇌의 폭류를 건너다(깨달음의 길)

부처님께서는 어떻게 하여 고뇌의 폭류를
건너셨습니까?
나는 무엇에도 의지하지 않고
아무것도 구하지 않고서 폭류를 건넜느니라
무엇인가에 의지하게 되면 침몰하게 되고
무엇인가 구하게 되면 물결에 말려든다
그래서 여래는 무엇에도 의지하지 않고
아무것도 구하지 않고서 폭류를 건넜느니라

🪷 문수보살

1 나의 성품을 알면 법이 없음을 알며
   법이 없음을 알면 경계가 없음을 알며
   경계가 없으면 의지할 바가 없고
   의지할 바가 없으면 머무를 바가 없다
2 모든 법이 본래부터 고요한 모양

불자들이 이러한 도 행하면
오는 세상에 부처님 되리

3 법에 대하여 행한다는 것이 없이
모든 법의 실상과 같이 관찰하여
행함도 없고 분별하지도 않아야 하리니
이것이 보살마하살의 행할 곳이다

4 항상 좌선 하기를 좋아하여
한적한 곳에서
마음을 꺼잡아 닦아야 하리니
이것이 첫째 친근할 곳이니라

5 허공이 아무 것도 없는 것 같이
온갖 말할 길이 끊어져서
생기지도 나오지도 않고
일어나지도 않고 이름도 없고 모양도 없고
있는 것이 아니어서 다만 인연으로 있는 것이니
이러한 법의 모양 관찰하기 좋아해야 하리니
이것이 보살마하살의
둘째 친근할 곳이니라

🪷 화엄경

1 일체법을 깨달아 알면 자성은 본래없는 것
  이와같이 법성을 알면 즉시에 부처님 뵈오리

2 온갖 법은 분별에서 나서 분별에서 멸하나
  모든 분별을 멸한 법은 생멸치 아니한다

3 온갖 법은 나지 않고 온갖 법은 멸하지 않는다
  만일 이와 같이 이해하여 알면
  모든 부처님들이 항상 앞에 나타나신다

4 이 세상에 태어나는 것은
  모두 나에 집착하기 때문이니
  만약 나에서 벗어나면 날 곳이 없으리라
  범부는 지혜가 없어 나에 집착하고
  유와 무를 구한다

5 사실은 나도 없고 내 것도 없고
  짓는 자도 없고 받는 자도 없다
  짓는 자가 없다면 짓는 일도 없을 것이니
  제일가는 이치에는 모두 찾아볼 수 없다

삼계에 있는 것은 오로지 한마음 실상 뿐이다

6 모든 법은 작용이 없는 것이며
또한 자체의 성품도 없는 것

7 모든 법 공하고 나가 없어
온갖 모양을 아주 떠났네

8 모든 법 공하여 성품 없으나
망심으로 분별하니 있는 것

9 모든 법에 들어가니 본래 생기는 일도 없고
일어나는 일도 없고 모양도 없고 이름도 없다
무너짐도 없고 다함도 없고 옮아감도 없다
성품이 없는 것으로 성품을 삼으며
처음 중간 끝이 모두 평등하여
분별이 없는 진여와 같은 지혜로 들어갈 곳이다
모든 마음과 뜻이 식으로 분별하는
생각을 떠났으니
집착 없음이 허공과 같으며
모든 법에 들어가 허공의 성품과 같으니
이것을 가리켜 무생법인을 얻었다고 한다

10 모든 처소 모든 중생 모든 법 모든 업
　　모든 과보 속에 두루 들어가 있지만
　　머무는 데는 없다

11 스스로 자성이 없는 진실한 법에 깊이 들어가고
　　남들도 자성이 없는 진실한 법에 들어가게 하여
　　마음이 편안해지게 한다

12 반야바라밀의 구경심을 내어
　　온갖 법이 아무것도 없음을 교묘하게 살핀다

13 보살마하살에게 10가지 집착없음이 있다
　　① 모든 세계에 집착없고
　　② 모든 중생에게 집착없고
　　③ 모든 법에 집착없고
　　④ 모든 하는 일에 집착없고
　　⑤ 모든 선근에 집착없고
　　⑥ 모든 태어나는 데 집착없고
　　⑦ 모든 소원에 집착없고
　　⑧ 모든 행에 집착없고
　　⑨ 모든 보살에 집착없고

⑩ 부처님께 집착이 없다
   만약 보살들이 이 법에 안주하면
   모든 생각을 돌이켜
   위없는 청정한 지혜를 얻게 된다

☘ 열반경

모든 행법은 독약 섞인 음식과 같으며
하염없는 법이란 걱정이
많은 것을 관찰하라
하염있는 법이란 그 성품이 무상하여
나고서는 머물잖아 없어짐이 낙이니라
온갖 행법은 잡란하고
모든 법은 나라고 할 것이 없고
무상하고 머물지 않으며
이 몸에는 한량없는 걱정이 있으며
마치 물거품과 같으니라

☸ 문수사리소설 부사의 불경계경

1 바르게 머무르는 것이란
 머무르는 바 없으니
 머무르는 바 없는데
 머무르면 이를 바르게 머무르는
 것이라 이름 하나이다

2 비록 모든 법의 자성이
 허공과 같음을 관찰하나
 부지런히 공덕을 닦아서
 마음을 윤택하게 하고
 깨끗하여 공덕장엄을 이루게 한다

3 만일 색수상행식이
 환과 아지랑이 같은 줄 알면
 마음이 곧 산란하지 않을 것이요
 마음이 산란하지 않으면
 곧 세간법에 물들지 않을 것이며
 오온의 모든 법은

자성이 본래 공했나니
나와 내것이 없는 것이요
아와 내것이 없으면
곧 취착할 바 없음이니
취착할 바 없는 것은 바로
세간법을 벗어남인 것이다

4 어떤 것이 필경 고요함인가
일체법은 짓는 바 아니니
짓는 바 아니므로
취할 수 없음이요
취할 수 없으므로
작용함도 있지 않음이요
작용함도 있지 않으므로
뚜렷이 내세울 수 없으며
뚜렷이 내세울 수
없음도 없음이니
이것이 필경 고요함이다

🪷 사십이장경

1 부처님께서는 말씀하시길
  내 법은 생각함이 없는
  생각을 생각하고
  행함이 없는 행동을 행하며
  말함이 없는 말을 말하고
  닦음이 없는 닦음을 닦는 것이다

2 부처의 도를 눈 앞에 나르는
  허공의 꽃과 같이 보며……

3 사람들은 집착하고 근심한다
  집착이 없는 사람 근심할 것도 없다

4 과거에 있었던 일을
  말려 버려라
  미래에는 그대에게
  아무것도 없게 하라
  현재에 있어서도 그대가
  아무것에도 집착하지 않는다면

그대는 편안해질 것이다
상하 좌우 중간에 걸리는 애착을
모조리 없애라
세상에 있는 어느 것에라도 집착하면
그것 때문에 고뇌 번뇌의 괴로움은
따라 다니게 된다
그렇기 때문에 수행자는
바르게 알고 명심해서
세상에 있는 어느 것에나
집착해서는 안된다

🪷 원각경 청정혜 보살장

선남자야
만일 모든 보살과 말세중생이 일체 시에서
망녕된 생각을 일으키지 말아야 하며
모든 망녕된 마음을 또한 식별하여
없애려고도 말며

망상경에 처하여 더 알려고 하지도 말며
알음이 없음에서는 진실인가 가리지도 말지니라
저 모든 중생이 이 법문을 듣고 믿어 알고
받아가져 놀라 두려워하지 아니하면
이것이 이름이 깨달음에 순히 따름인 것이다

🪷 원각경 보현 보살장

선남자야
일체 중생의 가지가지 환화는
모두가 여래의 원각과 같은
진여실상의 묘한 마음에서 나온 것이다
마치 헛꽃이 허공을 쫓아 있음과 같도다
환인 꽃은 비록 멸하지만
허공의 성품은 무너지지 않나니
중생의 환인 마음도 도리어 환에 의해 멸할지나
모든 환이 다 멸할지라도
깨닫는 마음만은 움직이지 않는다

환에 의해 깨달음을 말해도
또한 이름이 환이 되는 것이며
만일 깨달음이 있다 말해도
오히려 환을 여의지 못함이며
깨달음이 없다 말해도 또한
다시 이 같음인 것이다
선남자야
일체보살 및 중생들은
응당 일체환화인 허망경계를
멀리 여의어야 한다
멀리 여의려는 마음을 굳건히
가져 집착할 것이므로
말미암아 마음의 환같은 자를
또한 다시 멀리 여의어야 한다
멀리 여읨도 환이 되는 것이니
또한 다시 멀리 여의어야 한다
멀리 여읨을 여읨도 환이니
또한 다시 멀리 여의어야 한다

여윌 곳 없음을 얻고서야
모든 환이 제거됨인 것이다
비유하면 구멍을 뚫는 불처럼
두 개 나무가 서로 인이 되어 불이 나면
나무는 없어지고 재는 날고
연기는 사라지는 것 같으니
환으로써 환을 닦음도 또한 다시 이러하니
모든 환이 비록 다 없어질지라도
단멸에는 들어가지 않는다
선남자야
환인 줄 앎이 곧 여읨이어서
방편을 지을 것도 없고
환을 여읨이 곧 깨달음이어서
또한 점차도 없는 것이다
일체보살과 말세중생들은
이것을 의지하여 수행할지니
이렇게 해서 이에 능히 기리
모든 환을 여읠 것이다

🪷 과거 7불 게송

제1 비바시불 부처님의 게송

몸이 형상없는 가운데서 태어나니
마치 요술에서 갖가지가 나는 듯하다
허깨비의 마음과 뜻 본래 없으니
죄와 복도 모두 공해 머문 곳 없다

제2 시기불 부처님의 게송

착한 법을 짓는 것 본래가 허깨비요
악한 업을 짓는 것도 모두가 허깨비라
이 몸은 거품이요 마음은 바람인데
허깨비가 내는 것 근거나 진실없네

제3 비사부불 부처님의 게송

사대를 빌려서 몸이라 하고
마음은 본래없어 경계 따라 생긴다
경계가 없으면 마음도 없어지니

죄와 복이 요술같아 일어나자 멸한다

제4 구류손불 부처님의 게송

몸이 진실치 않음을 보면 그것이 부처의 몸이요
마음이 요술같음을 알면 그것이 부처의 마음이다
몸과 마음의 본성품이 공함을 알면
그 사람은 부처님과 무엇이 다르랴

제5 구나 함모니불 부처님의 게송

부처는 몸을 보지도 않고도 부처인줄 알지만
진실로 아는 것이 있다면 때로 부처가 없다
지혜로운 이는 죄의 성품이 공함을 알아
태연하게 생사를 두려워하지 않네

제6 가섭불 부처님의 게송

온갖 중생의 성품은 청정하여서
본래부터 나거나 멸함이 없다
그러한 몸과 마음 환에서 났으니

환 속에는 죄와 복이 본래부터 없다

제7 석가모니불 부처님의 게송
법이란 본래의 법은 법이 없으며
법 없단 그 법도 또한 법이다
이제 법 없음을 전해주노니,
법과 법이 그 언제 법이 있었으랴
모든 법이 무상하니 그것은 생멸의 법이다
생멸이 멸하고 나면
적멸이 곧 즐거움이 된다

🪷 제대조사 전법계

제1조 마하가섭 존자
법이라는 법의 본래의 법은
법도 없고 법 아닌 것도 없음이니
어찌 한 법 가운데
법과 법 아닌 것이 있으랴

제2조 아난 존자

본래 있는 법을 전하는데
전한 뒤에는 없는 법이라 하네
각각 스스로가 깨달으라
깨달으면 법 없음도 없다

제3조 상나 화수 존자

법도 아니고 마음도 아니며
마음도 없고 법도 없나니
마음과 법을 말할 때에
그 법은 마음의 법이 아니다

제4조 우바국다 존자

마음은 본래부터 마음이니
본래의 마음은 법이 있는 것 아니다
법이 있고 본래의 마음이 있다면
마음도 아니요 본래의 법도 아니다

제5조 제다가 존자

본래의 법과 마음을 통달하면
법도 없고 법 아님도 없다
깨닫고 나면 깨닫기 전과 같나니
마음도 없고 법도 없다

제6조 미차가 존자

마음이 없으므로 얻을 수 없고
말할 수 있으면 법이라 하지 못해
마음이 마음 아닌 줄 알면
비로소 마음과 마음의 법 알리라

제7조 바수밀 존자

허공과 같은 마음으로, 허공과 같은 법을 보니
허공을 증득할 때에, 옳은 법도 그른 법도 없다

제8조 불타난제 존자

허공은 안밖이 없나니,

마음의 법칙도 그러하다
만일 허공을 알기만 하면,
이것이 진여를 아는 것이다

제15조 가나제바 존자

본래 남에게 법을 전하는 뜻은
해탈의 이치를 알기 위함인데
법에는 증득할 바 없으니
마지막도 시작도 없는 것일세

제16조 나후라다 존자

법을 실제로 증득한 것이 없고
취하거나 여의지도 않았다
법은 있음 없음의 형상이 아니니
어찌 안팎이 일어나리요

제19조 구마라다 존자

성품에는 본래 남이 없건만

구하는 사람을 대하여 말해준다
법은 이미 얻을 바 없거늘
어찌 깨침과 깨치지 못함을 걱정하랴

제20조 사야다 존자
말 끝에 무생법에 계합하면
법계의 성품과 같아지나니
이렇게 바로 알면
사와 이를 통달하리라

제22조 마노라 존자
마음이 만경을 따라 움직이나
움직이는 곳마다 모두가 그윽하니
그윽한 흐름따라 성품을 깨달으면
기쁨도 근심도 모두 없으리

제28조 보리 달마대사
악을 보고도 혐의치 않고

선을 보고도 부지런하지 않고
지혜를 버리고 어리석음에 가지도 않고
어리석음을 떠나 깨달음에 가지도 않는다

용담(법륜)스님의 저서
• 『대장경과 역대선사들의 철학적 요지 법문』
지엠 미디어
• 『대반야경』
도서출판 중도

놓아라!
즉시 "도"를 깨닫는다!
대장경 실화와 견성 체험담

초판인쇄   2020년 02월 10일
초판발행   2020년 02월 14일
2쇄 발행   2022년 11월 05일
편   저   용담(법륜)
발   간   동천사
주   소   경북 상주시 화북면 용유리 262-1(용유 1길 28-9)
전   화   054-533-6395

발   행   도서출판 중도(신원식)
주   소   서울시 종로구 삼봉로81 두산위브 파빌리온 921호
전   화   (02) 2278-2240
등   록   2007. 2. 7. 제2-4556호

정가 : 10,000원

ISBN 97911-85175-37-9

이 도서의 국립중앙도서관 출판예정도서목록(CIP)은 서지정보유통지
원시스템 홈페이지(http://seoji.nl.go.kr)와 국가자료종합목록 구
축시스템(http://kolis-net.nl.go.kr)에서 이용하실 수 있습니다.
(CIP제어번호 : CIP2020005286)